来 吧 ， 为 自 己 拼 搏 ， 不 悔 一 生 。

在
最好的年纪，
付出
最大的努力

刘一寒 / 著

SPM
南方出版传媒
广东人民出版社
·广州·

图书在版编目（CIP）数据

在最好的年纪，付出最大的努力 / 刘一寒著．— 广州：广东人民出版社，2017.11
ISBN 978-7-218-12154-3

Ⅰ．①在…　Ⅱ．①刘…　Ⅲ．①故事—作品集—中国—当代　Ⅳ．①I247.81

中国版本图书馆 CIP 数据核字（2017）第 257615 号

Zai Zuihao De Nianji Fuchu Zuida De Nuli
在最好的年纪，付出最大的努力

刘一寒　著

出 版 人：肖风华

责任编辑：马妮璐
装帧设计：末末美书
责任技编：周　杰　易志华

出版发行：广东人民出版社
地　　址：广州市大沙头四马路 10 号（邮政编码：510102）
电　　话：（020）83798714（总编室）
传　　真：（020）83780199
网　　址：http://www.gdpph.com
印　　刷：三河市荣展印务有限公司
开　　本：880mm×1230mm　1/32
印　　张：9.25　　**字　　数：**153 千
版　　次：2017 年 11 月第 1 版　2018 年 5 月第 3 次印刷
定　　价：39.80 元

如发现印装质量问题，影响阅读，请与出版社（020－83795749）联系调换。
售书热线：（020）83795240

目录 /

Part 1

梦想和努力，是年轻时最有力的武器

叫醒装睡的人，却叫不醒做梦的人 / 002

人生有主见，心中不迷茫 / 008

唯有奋斗，才能让今天的你看得起明天的自己 / 014

扛得住才有未来，用汗水代替泪水 / 020

看得见，更要看得懂抓得住 / 025

唯一能改变的，就是变成更好的自己 / 031

认清现实，才能明白如何选择 / 036

Part 2

世界终不会辜负努力的你

比天赋，不过是走下坡路的推手 / 042

这个世界，唯一不缺的就是天才 / 047

让奋斗成为常态 / 052

自律，年轻时的必修课 / 057

选择好你全力以赴的方向 / 062

没有“学力”的人，谈什么诗与远方 / 067

将来的你，一定会感谢现在努力的自己 / 072

Part 3

在最好的年纪，做清醒的自己

社会不是你一个人的家 / 078
远离那个只是看起来很好的自己 / 083
30岁活成什么样取决于你20岁怎么做 / 089
舒适区只是情感中的陷阱 / 096
最好的社会化，是涉“慧” / 101
把追求和理想置于生存期之后 / 106

Part 4

你足够拼搏，终会遇贵人

那些毁掉你三观的是人不是事 / 112
唯有淡出圈子，才能谈“谊”字 / 118
远离精神枯竭的朋友 / 123
朋友圈决定了下班后的人生 / 128
朋友走一生，过去的日子不再有 / 133
偶遇背叛，不是必然的伤害 / 138
学会拒绝是一种交往态度 / 143

Part 5

年轻时需要磨砺，更需要方法

讨好的人越多，伤得越深 / 150
别让伪兴趣牵着鼻子走 / 155
愿我们在职场一切安好 / 160
以赚钱为目的的工作，投资的是别人 / 165
不够优秀就别想不可替代 / 170
每一次都全力以赴 / 175
好工作，是选老板而不是看薪资 / 180

Part 6

永远记住，实力才是一切

拼什么都不如拼实力 / 186
为梦想去奋斗，不要活在他人的“设计”里 / 190
你需要的是实力，没必要活在攀比里 / 195
你不必活得小心翼翼 / 199
不等待不消极，一切都要去争取 / 204
现实不相信眼泪，让自己强大是根本 / 209
你的人生不需要表演给谁看 / 214

Part 7

在奋斗中，遇到真正的爱情

真正的爱情，才能给你未来 / 220
理性的爱情才能走得远 / 225
要懂得，任性不是爱 / 230
适度依赖，才能收获你想要的爱 / 235
每一个人的归宿只有自己 / 240
理解比爱更重要 / 245
真正的恋爱是并联而不是串联 / 250

Part 8

善待一生中最重要的“伙伴”

学会沟通，就会齐心协力 / 256
别让未来输在情绪上 / 261
你的人生不可将就 / 266
主动承担起你的责任 / 271
多一些“敬畏”，少一些苛求 / 275
坦然面对所有的“伤” / 281
你的付出，终有收获 / 285

Part 1

梦想和努力，是年轻时最有力的武器

奋斗的意义，不仅仅在于实现个人人生价值。更重要的是，人可以通过奋斗来守护好身边想要守护的人。

叫醒装睡的人，却叫不醒做梦的人

去年的毕业季，我手下的刘经理招了两名实习生。待熟悉环境之后，刘经理便开始给他俩分配任务。任务难度不小，即使是交给公司的老手来做，也会令人焦头烂额。刘经理说，完成工作不是主要目的，他想借此观察两名实习生面临困难时的反应。

实习生姜优一看到这么难的工作，瞬间傻了眼，环顾四周，想找一位前辈帮忙指导。但他最终只是咽了咽口水，把头埋进了材料里。

实习生张昱在接到任务后，则是拍拍胸脯，向刘经理说道："保证完成任务。"面对如此自信的张昱，刘经理笑而不语。

过了几天，只完成了工作的百分之三十的姜优找到刘经理，说："这对我来说很难，我恐怕无法按时完成任务。"

张昱则是在工作截止日期把成果递交了上来。刘经理问张昱："你觉得你自己完成得如何？"

张昱回答说："我觉得我自己完全能够胜任这个工作。"

"你觉得自己的方案有不足的地方吗？需要修改吗？"刘经理接着问道。

张昱依旧十分自信地说："我觉得我的方案完全没问题。"

事实上，这份工作没有难到无法完成的地步，以姜优的能力，他完全能够递交一份完整的方案。但是，这份工作也并没有像张昱说得那么简单，自己完全能够胜任。

只不过，姜优知道自己的真实水平和工作的难度，但是面对困难，他却不肯放手一试，只想着用逃避来解决问题。张昱则无法认清楚自己和现实的差距，盲目自信。

姜优这样的人，可以看作是一个正在装睡的人，即不思进取，明知道自己不行，却从来不想着去改变现状，努力让自己的能力能够匹配上现实的情况。而张昱这样的人，可以看作是一个做梦的人，在他的梦境中，自己足够优秀，完全可以顺利解决一切问题，可是现实并非如此。

装睡的人想逃避现实，做梦的人不了解现实。如果想要成功，那么姜优和张昱就应该动脑子想一想，怀着这样的心态，到底能不能成就一番事业。

其实，如果一个人想要成功，最重要的是了解自己，了解自己的身份、地位，所处的环境，自己能做什么、不能做什么、能做好什么。

正如我们想买一块蛋糕，当我们踏进蛋糕店前，首先要确定自己有多少钱，能够买什么尺寸的蛋糕。如果我们有很多钱，那么就可以根据自己的口味随心所欲地挑选自己爱吃的蛋糕；如果我们很拮据，那么只能在自己的能力范围内选择蛋糕。

越是了解自己，越能接近成功。了解自己，是为一个人走向成功指明方向，如果不能付诸实践，一味逃避，那么他依旧不能成功。

这两名实习生，就是沉浸在自己的主观世界里，以自以为的自己对待这个世界，而没有正确、理性地看待自身。他们本应客观、理性地衡量和看待自己，却偏偏添加了主观色彩。

装睡的人和做梦的人，都是在该动脑子的时候没有动脑子。

然而，装睡的人，其实是了解自己的，知道自己的能力是多少，什么工作能做好、什么工作不能做好。遗憾的是，他们认清了自己，却不肯脚踏实地、一步步地做点实事，只想着蒙头大睡，妄图等着一块味道鲜美的馅饼从天而降，正好砸到自己头上。

还是以上面购买蛋糕的例子来比喻的话，他们就属于那种，如果钱不够，那么就只会购买一个便宜点的蛋糕，不会想着去多挣点钱来购买更加美味、更加喜欢的蛋糕。

做梦的人，则干脆什么都不知道，一味沉浸在自己的梦境里，从来没有想过醒来睁眼看看这个真实的世界。

传播学中有一个术语，叫作“拟态环境”。做梦的人，就是沉浸在自己给自己构建的环境里，有着不知道从哪里来的自信，觉得自己无论在哪里、做什么都是最完美无缺的，但事实并非如此。

他们属于那种，口袋里只有零星的几个硬币，却非要蛋糕店店员拿出店里面最贵、最美味的蛋糕。

那么，装睡的人和做梦的人，究竟应该如何才能苏醒过来呢?

对于装睡的人，其实只需要告诉他，世上没有免费的午餐，面对现实，勇敢踏出迈向成功的第一步，脚踏实地，一步步向前迈进即可。

而对于做梦的人，可就不那么容易了。做梦的人，往往甘愿长时间甚至一辈子身处梦境之中。相较于残酷的现实，他们给自己构造的梦境实在是太美妙、太令人向往了，以至于很多人都不愿意从自己的梦境中走出来。

我曾问刘经理："转正的名额只有一个。如果从这两个实习生中挑选，你会选择哪一个呢?"

刘经理回答说："我会选择明白现实残酷的那一个。"

后来，在刘经理有意识地培养下，姜优开始变得对工作积极起来。他在知道自己的短板和缺点之后，甚至学会了向前辈主动请教，或者是自己阅读相关专业书籍。他正在让自己变得越来越好。

装睡的人，明白现实的残酷。他们之所以像鸵鸟一样把头埋进沙子里，正是因为他们被残酷的现实吓到了。如果善加引导，给他们一个宽容、和善的成长平台，让他们在鼓励的环境中成长，体验到成功的乐趣，那么他们肯定会逐渐敢于面对现实，成为一个成熟的人。

叫醒一个做梦的人，则实在是太难了。因为我们根本想不到用什么样的方法把他们从梦境中拉出来，回到现实世界。如果想要尝试叫醒他们，那么将会耗费巨大的成本，实在是得不偿失。

做真正的自己，才是真的对自己好。一个人能够清醒地认识自己，并且能够做好充足的准备、全身心地投入到自己的工作当中，那么一定不会失败。

人生有主见，心中不迷茫

很多人说自己的生活十分迷茫，不知道每天所做的事情到底有什么意义，也不知道自己的未来是什么样子。诚然，未来当然具有不确定性，需要应对各种各样的挑战。但是，只要找准目标，明确心中所求，有自己的主见，那么肯定不会再迷茫。

某个傍晚，我拎上一瓶好酒，乘车去我的发小家里。我们自己动手做了晚餐，有他最拿手的西红柿炖牛腩，也有我做得马马虎虎的可乐鸡翅。

伴着好酒好菜，我们畅聊了很长时间。发小说，他突然厌倦了程序员的工作，每天九点上班打卡，码着千篇一律的代码，调试着数不完的程序错误，还要忍受无休止的加班和同事间的猜忌。

“如果不当程序员，你打算从事什么行业呢？”我有点好奇地夹杂着些无奈，问道。

或许是发现我对他的抱怨产生了兴趣，发小的眼睛一亮，说道：“我想改行当编剧。”

我不想打击他，但也要让他明白现实、避免没有必要的挫折，于是对他说：“我可知道你的语文成绩，你从小到大的作文就没及过格。”

发小没有被我说的话打击到，反而说：“难道你没听过‘士别三日，当刮目相看’这句话吗？我可是自己偷偷进修了很久了。”

说话间，他向我展示了自己的书橱，除了关于编程的书籍外，赫然多了许多本关于电影编剧方面的专业书籍。

他说：“前几天在健身房撩到了一个大拿，他和我说起了许多媒体圈的事情，我表示很感兴趣，大拿就给我推荐了入门方法，通过和他的交流，我感觉自己获益很多。”

说实话，看到发小终于下定决心，我的心里不由得有些欣慰。

我见证了他在高中文理分科时的纠结与曲折。从兴趣和各科目的成绩来说，发小无疑是要选择文科的。我说他作文不及格只是开玩笑，实际上，每次考完，发小的作文就会被当作范文，在全年级传阅。

然而，他的父母却认为文科是无用的学科。于是，在发小向老师递交了转文科申请表后，他的父母却跑到学校里，帮他修改了“志愿”。

虽然发小的心里极其不舒服，但是他们毕竟是自己的父母，结果可想而知，感性战胜了理性。所以，反抗无效后，发小便接受了事实。遵从父母的意愿，他选择了理科，选择了计算机专业，选择了进入某世界500强企业当一枚兢兢业业的程序员。在很多亲戚朋友眼中，有着稳定工作的发小，俨然是一名成功人士。

“可是，”发小问我，“为什么没有人想过要问一问，我到底想不想拥有这样的生活呢？”

发小作为一名职场小白领，看上去是一副社会精英的样子，可是事实并非如此。每天早上，他捧着在路边随手买来的早餐，随着人群挤上像沙丁鱼罐头一样的地铁，辗转几趟车，这才来到公司。然后，他匆忙丢下喝了没几口的咖啡，进办公楼打卡。整个过程不敢有半分停顿，生怕迟到一秒钟，被扣掉当月的全勤奖。每天的工作，就是窝在一个小格子里，对着幽幽发光的电脑忙一整天，而且还要忍受无休止的加班和老板的苛责。

发小说，人生好像突然失去了意义。自己正在做的每一件事，都不是自己内心真正想做的事情。每天忙忙碌碌，到底在忙些什么呢?

“过了三十几年的人生，原来竟不是自己的人生。”发小最后的一句感叹，也让我浮想联翩。

如果当初发小不感情用事，没有听从父母的意见，而是衡量了自身的兴趣和能力之后，选择合适自己的文科，那么现在的他会是一个完全不一样的人。

生活中，其实还有很多人正在面临或已经经历了同样的问题。小的时候，我们不懂事，决定权掌握在父母手里无可厚非。可是，很多父母已经习惯了支配孩子的人生，而孩子已经习惯了去走父母已经规划好的道路，而失去了自己做决定的能力和自觉性。没有主见的我们，浑浑噩噩地走着自己的人生路。

如果想摆脱这种迷茫的状态，就要有自己的主见，对自己的人生负责。

发小便是如此。这些年来，他忍受着被父母支配、没有自己主见的日子。这样的生活，即使物质十分丰富，发小仍然感到内心世界一片荒芜。不适合做的事情就是不适合，如果勉强去做，自己也不会开心。

所以，发小放弃了原有的稳定的生活方式，他决定遵从自己的本心，过回自己真正想要的生活。他利用下班时间，研究自己感兴趣的领域。他发现，自己对媒体行业有着特别的兴趣，甚至可以说有一点天赋。并且，当他投入到媒体领域的学习、工作当中时，能够全神贯注，不会轻易感到疲惫。

很多面临大学毕业的年轻人容易陷入迷茫，甚至不少人高喊着“谁的青春不迷茫”。年轻人之所以觉得自己很迷茫，是因为他们正站在人生道路的一个非常重要的十字路口上，不知道该何去何从。找工作还是读研？在大城市打拼还是回到家乡？种种选择落在他们头上，他们却没有了主心骨。

没有主见的人生，当然会感到迷茫。

如果想摆脱对未来充满迷惑和迷茫的状态，首先就要规划好未来的目标，想好自己究竟需要什么样的人生，即要有自己的主见。有了主见，有了目标，就有了前进的方向和动力，如此一来，人生怎么还会迷茫?

不迷茫的人生，才是我们真正的人生。

唯有奋斗，才能让今天的你看得起明天的自己

曾经遇到过很多人问我："年轻人需要奋斗吗？"

我往往都会不假思索地说："必须奋斗。"

对我来说，这个问题根本没有思考的必要。年轻的时候，我们一无所有，唯一的资源和本钱就是我们自己，唯一能拿得起的武器就是奋斗，通过努力拼搏来交换我们想要的东西。

然而，刚毕业的年轻人，最普遍的状态就是拿着仅够糊口的月薪，做一份凑合的工作；却又因为工资不高，不断降低自己的生活水平，而且渐渐安于现状、裹足不前、蹉跎

岁月。

很多时候，我们选择得过且过的生活，拿着过得去的成绩，做着过得去的工作，可是慢慢地，就变得过不去了。

年纪轻轻，就没有了奋斗的动力，更准确地说，一眼就望到了自己60岁的模样，这是一种很消极的状态。可是，更消极的是，你怎么能够保证自己一辈子安安稳稳地待在这个工作岗位上直到退休？

人生在世，你要么足够幸运，要么足够努力。奋斗，可以保证自己在不那么幸运的情况下，不被时代洪流抛弃。

很多人准备待在一个工作岗位上平静老去，人生定位也止步于此。可是这个世界是一个不断变动的世界，时代的浪潮分分钟就可以把人打得翻不过身。我们还未来得及感受变化，就被一个新变化再次打得措手不及。

奋斗，是要让自己保持一种时刻学习的状态。面对周围的一切新兴事物，我们要像一块海绵吸收水分一样，不遗余力地接收一切新鲜事物。

我身边的一些老同事，入职已十余年，工作岗位上的任务早已烂熟于胸，各种问题处理起来也是游刃有余，职场潜规则摸得门儿清，每天摸摸自己逐渐大起来的啤酒肚，舒舒服服地待在公司里做一枚小螺丝钉。

然而，公司是一台运行良好的机器，老员工们好比这台机器中的某个特定部位，如果机器一直运转良好，那么这些部位也能工作得很好，一旦机器出现故障，零件需要重组时，老员工们就被迫离岗，因为他们很难胜任新工作了。

奋斗，就是让我们远离舒适区，时刻保持学习的状态，即使变更岗位，也可以因为之前足够的积累而能够很快上手，从而不被公司淘汰。

微软收购诺基亚后，诺基亚员工迎来了一波裁员潮，大批员工因为这一变化失去了稳定的工作。

要知道，福利好、待遇高、稳定……曾经吸引着多少人渴望进入诺基亚工作，员工们也以此为傲，认为这是铁饭碗，抱着养老的心态待在公司里。可是诺基亚被并购了这一既定事实，之前又有多少人能预料到呢？

其实，诺基亚的员工们没有做错什么，他们每天兢兢业业，认真做好自己的本职工作，如果没有并购事件，他们能够顺顺利利地工作到退休。关键的问题在于，这种变动真的始料未及，无法预估。

但这不是怨天尤人的理由，想要真正的稳定，就要让自己处于时刻变化的环境，不断磨砺自己，在摸爬滚打中成长得更加强大。

奋斗的意义，不仅仅在于实现个人人生价值，更重要的是，人可以通过奋斗来守护好身边想要守护的人。

在我刚刚踏入社会的时候，工资恰好可以满足自己每个月的开销，虽然没有什么积蓄，好在没有什么牵挂。

突然有一天，父亲打来话说，他不小心摔倒了，只是骨头裂了个缝，还千叮万嘱，让我不要担心。其实，摔一跤，哪怕是骨裂对年轻人来说也没什么，但是对老年人来说却特别难以恢复，需要长期卧床休息。

当我背着父亲在医院里上上下下忙着检查、拍片、拿药，向母亲一遍一遍解释医生的诊断结果时，我突然意识到，父母老了，他们不得不事事依靠我。而我在那个时候，除了年轻，一无所有。

我突然开始惶恐，如果我一直这样一事无成，浑噩度日，我的父母该怎么办。检查完后，父亲坚持回家，说不习惯住在医院。其实我明白，父亲是怕承担巨额的住院费。

看着父亲日渐佝偻的身形和母亲企盼的眼神，自己无法保护家人的无力感瞬间涌上心头。躲在医院的洗手间里，听着外面人来人往的喧嚣声，我泣不成声，觉得自己是那样地渺小。那是我记事以来的第一次放声痛哭。

平复心情后，我记起了网上那句煽情又实在的话：“要让你成功的速度赶上父母老去的速度。”

的确，岁月无情，我们无法阻止父母垂垂老去。但作为子女，如果不能通过自己的努力来尽早为父母准备一个安详的晚年，那么实在愧为父母的孩子。

回去上班后，我向上司表明了自己的态度，去了一个极具挑战性的岗位。在这个岗位上，我经历过39高温下跑去见客户的情况，也经历过因为出差没有买到坐票而在火车上蹲十几个小时的窘迫。

上司夸我工作有热情、肯吃苦，有舍己为人的奉献精神。我在心里苦笑，我热爱工作，但是我更想保护我的亲人。好在随着我的努力，逐渐积累了经验和资源，工作越来越顺心，越来越得心应手。最重要的是，我的努力没有白费，家里的生活水平逐渐提高起来。

如今，我已经实现了当初设定的人生目标，虽说还不能任性地不去上班，但如果家里有事，还是能随时抽出时间处理状况、陪陪家人的。

我很感激当时努力奋斗的自己，是努力拼搏成就了今天的我。如果当时的我依旧满足于仅够自己花销的月薪、不肯好好努力去付出一把，那么我将永远不会有今天的成就和守护家人的能力。

不奋斗，则必须承担不奋斗的代价。

当有人问我“年轻人需要奋斗吗？为什么需要奋斗？”的时候，我还是会告诉他们，不妨多问问自己几个“为什么不”。

年轻人为什么不奋斗呢？你可以为了让自己拥有更好的物质条件去奋斗，你可以为了实现自己的人生价值、奉献社会去奋斗，你也可以为了父母、儿女过得更好去奋斗。

总之，你必须在该奋斗的年纪选择奋斗，远离你的舒适区。

世界会向那些有远见和目标，并且为之努力的人让路。

扛得住才有未来，用汗水代替泪水

每个人的人生之旅都不会是一帆风顺的。在这条人生之路上，我们会面临各种各样的问题，遇到各种各样的挫折，经历各种各样的失败。当身处困境的时候，我们会觉得委屈、难过，丧失斗志，无法承受由此带来的压力。

在这种情况下，有的人会叫上几个好朋友一起去喝酒，他会就着苦闷下酒，借着酒意大肆宣泄心中的不满，然后再烂醉如泥地被抬回家去。有的人选择自己一个人开好久的车，然后把车停在陌生街道的路边，一个人酣畅淋漓地痛哭一场。

可是，等感情宣泄完以后，我们依旧要回到原来的人生轨道上，继续生活。工作任务艰巨，依旧要硬着头皮去做，然后没脾气地二改、三改甚至四改，直到上司满意为止。

生活遇到了麻烦，依旧要抽丝剥茧似的去解决；考试没有及格，依旧要去努力读书，努力在下次考试中取得好成绩。

我们每个人都清楚，哭是解决不了任何问题的，只有努力奋斗，才会从根本上解决那些让我们烦恼的问题。

家庭聚会的时候，我见到了平时只有过年才能见到的表弟卢瑟。卢瑟刚刚毕业，是一名社会大学初学者、职场新人。吃饭的间隙，卢瑟跑过来和我聊天。原来，他是想和作为职场老手的我讨教些问题。

卢瑟刚刚入职新的公司，对公司的环境、人事都不熟悉。虽然同事们看上去都很亲切、好说话，但是毕竟大家都有各自要忙的事情，顾不上教卢瑟太多东西。所以卢瑟做起工作来感觉困难重重，十分辛苦。

更严重的是，他的主任每天都会给他提意见，他的方案被多次打回修改。

“我觉得我做的方案已经很完美了，按照主任的想法，根本就没法做啊。”卢瑟向我抱怨道。

我开导他道："既然主任向你提意见，肯定是以高标准来要求你的。让你改方案，必定是因为你的方案还有需要完善的地方。"

"我知道自己有不足的地方。可是，他就不能委婉一点地提意见吗？刚上班几天，我觉得我的自信完全被他消磨掉了，现在的我自卑极了。主任为什么不能照顾一下我的情绪呢？"说这话时，卢瑟一脸委屈地看着我。

这时，我明白过来，卢瑟犯了很多职场新人都会犯的毛病。

很多年轻人刚从大学毕业，作为天之骄子的他们，从小受到父母的关爱和老师的特别关怀，做错事的时候没有长辈责骂，甚至不会对他们说一句重话。当他们从温室一般的良好环境转向冷酷无情的职场时，心理落差一下子变得很大，所以他们承受不了。

本应该是要动动脑子，让自己的工作能力逐渐提升的时候，他们却被委屈、不甘心等不良情绪冲热了头脑，变得极不理智，有的人甚至选择"开除"老板。

可是，职场是最注重效率的地方。每天的工作要在8小时内完成，有的时候工作量大，你就要无奈地选择加班完成工作。

所以，如果我们能冷静下来，仔细思考一下，往往会发现，被同事埋怨是正常的，被上司骂也是正常的。因为你自己拖了全组人员的工作进度，因为你不能很好地完成上司交代给你的任务。

卢瑟对我说："当时我被老板骂得都要受不了了，压力太大，有的时候会跑到楼梯间里哭着和朋友打电话。如果不是待遇很好，我甚至有了辞职的念头。"

的确，公司运营的目的是赚钱，我们待在公司里工作也是为了拿工资赚钱。我们永远不要奢求公司能够像学校那样容忍我们的种种错误，然后给我们足够的时间去适应、去修改、去提升我们自己的能力。

所以，哭没用，踏踏实实做事才有用。

我告诉卢瑟："在职场里，眼泪不会激起任何人的同情，他们反而会因此看不起你。他们最看重的，是有能力的人。"

所以，我们不要再去抱怨、去哭哭啼啼地宣泄自己的不满，更不要过度在意自己被骂的坏心情、坏情绪。因为这些都只能给我们自己带来情感上的暂时缓冲，并不能给我们什么实质性的帮助。

我们现在唯一能做的，就是好好动动脑子，想想自己到底是因为什么被骂，努力改好，让上司认可自己的劳动成果。并且，当务之急是要提升自己，多学新本事。能力提升了，最先得益的肯定是自己。

当有一天，我们不再拖同组同事的后腿，能力到了能够给他们提供便利和帮助，每一个方案都能让上司没有毛病可挑的时候，那么，我们才能真正开始走出职场新人的困境，成为一名成熟的职场人士。这才是职场新人最重要的任务。

因此，如果觉得自己委屈、自卑，如果想要改变现状，哭泣无疑是最没有用的做法。最有用的做法，就是去学，学新本事，提升自己的能力。然后，努力做好自己应该做的每一份工作。学得慢没关系，多花点时间就好，业务不熟悉也没关系，肯加班补回来就好。

归根到底，就是学会收起你的委屈和眼泪，用努力奋斗的汗水取而代之。那么，我们肯定能够在工作中取得一番成就。

看得见，更要看得懂抓得住

每个人都有自己的梦想，无论这个梦想是大还是小，是遥不可及还是近在眼前。有梦想，就说明一个人知道自己心中所求的是什么，想过什么样的生活，想获得什么样的人生体验。

当然，清晰地看见了自己的梦想，只是人生中的第一步。接下来，我们需要了解，如何实现自己的梦想，实现梦想需要什么条件。最后，我们要把自己的所思所想付诸实践，最终才能实现梦想。

我有个朋友大创，热衷于创业。在大学期间，他就琢磨着自己创业。最开始，他想自己练个摊，准备一下创业基金。于是，大创开始了解市场行情，“流窜”于各大宿舍楼，打听同学们需求什么东西，什么商品卖得最好。每次班级聚餐，总能听到大创在那里侃侃而谈。

“马上就是国庆节、感恩节、圣诞节了，孔明灯和烟花肯定卖得最好。”

“冬天当然是暖宝宝最好卖啦，女生们最需要这个了。”

……

大创在餐桌上大谈生意经，成为全场的焦点。我偷偷地问大创的室友：“那他到底卖的啥？”室友也很茫然，回答道：“我没见他卖啥东西呀。”

在谈及为什么想创业时，大创说想有一番属于自己的事业，不想给老板打工、帮老板赚钱，想着自己能够早早地实现财务自由。

我半开玩笑地说：“我可以入股你的生意，咱俩什么时候开始呀？”

他总是敷衍地说道：“别急，等我再深入了解一下市场行情。”

大创的事业止步于他的市场调研。无论我什么时候问起，他总是说要调查市场。

“如今的商业竞争，其实就是打信息战。谁掌握了最多的信息，谁就能够在生意上大获成功。所以说，市场调研是非常重要的。”这是大创重复了无数遍的口头禅，或者说是生意经。

诚然，听起来很有道理的样子。

而且，几年过去，大创的创业热情依旧不减当年。聚餐时，我们总是能听到大创的连篇言论。比如又有人融资一百万，又有公司完成A轮融资等；比如自己又想到了什么创业的好点子，就等着投资和实践了；比如又有新政策支持年轻人创业了，新添了各种优惠政策等。

我问大创：“那你取得了什么成就没有？”

答案很显然，是否定的。

从大学的时候，大创就有了创业的梦想。在这个创业梦的支撑之下，大创的确是做了很多工作，比如他读了很多相关的书籍，每天骑着自行车满校园找商机。可是，这么多年过去，大创的事业依旧没有任何起步，问题出在哪里了呢？

因为大创没有付诸实践。从大创坚定自己梦想的那一刻开始，一直到现在，其实很多次机会都从他的身边悄然溜走，有的机会他发现了，有的机会他并没有发现，可是都是同一个结果：大创并没有抓住这些大好的机会，并付诸实践。

无论是在创业，还是在做其他的事情，其实很多人和大创一样，即“胸有大志，懒于实践”，永远停留在“想”的层面上，就好像只要躺在床上想得天马行空，钞票就能够掉进自己的口袋里似的。很显然，这是令人发笑的想法。

后来，大创找我单独聊天。他说他很沮丧，感觉自己努力了这么多年，却依然没有任何收获和进步。

是自己不如别人吗？还是自己的方法出了问题？

我问大创：“从你开始决定创业，到现在，你一共赚了多少钱？”

他说没有。

我又问他：“那你赔了多少钱？”

他想了想，又摇了摇头。

看，这就是问题所在。没有赚钱意味着创业艰辛或者失败，没有赔过钱则意味着大创从来没有开始过创业。空喊了几年的口号，却一步也没有踏出去。这是明显的只动用感情，却不动脑子办事的事例。

不实践，就想获得成功，天底下当然没有这么好的事情等着你。

大创说他之所以反复进行市场调研，是因为他知道创业有风险，很怕经历失败。并且，创业前期要受很多苦，几天几夜不眠不休是最正常不过的事情；又常常吃不好，不是周旋于酒桌之间就是吃油腻没营养的外卖。最重要的是，创业的启动资金是一个大难题，交际圈并不广的大创不知道从哪里获得投资。

在我看来，大创其实是一个非常聪明的人，他能够从千千万万条信息中筛选出来最重要的和自己需要的几条信息，然后推理出相应的结论，他是非常适合创业的。而且，从他的言语中，我能读出他对创业成功的渴望与热情，以及每每提起别人又融资成功时，自己的失落和难过。令人惋惜的是，大创从来没有真正地开始走上这条创业之路。

当我们想做一件事情的时候，只有想法和思路是远远不够的，最重要的是要开始动手操作。既然我们想要感受梦想实现之时的诗与远方，那么我们就必须坦然接受眼下的苟且。

千里之行，始于足下。

我们要明确自己的梦想，知道自己的人生到底想要什么，并且知道我们需要通过什么样的努力去实现自己的梦想。当明白这些东西后，我们就要去做更重要的一件事，就是要弄明白实现梦想的路上需要走的路和真正开始迈出接近梦想的第一步。

看到自己的梦想，知道自己要做什么，更要通过付诸实践将机会牢牢抓在手里，这样，我们才能遇见我们的梦想。

唯一能改变的，就是变成更好的自己

当我们来到这个世界上时，很多事情便无法改变了。比如我们的容貌、声音、出身、父母等。这些一出生就确定下来的东西，在很大程度上决定了我们未来的人生走向。

很多人觉得命运不公，于是开始怨天尤人，抱怨自己为什么没有出生在条件优渥的家庭，为什么没有成为“富二代”。

然而，抱怨只是感情用事。无论你怎么抱怨，事实就摆在那里，无法改变。因此，我们就要沉下心来，停止情绪上的发泄，理性思考一下我们能改变什么东西。

唯一能够改变的，就是你自己。

如果你对现状不满，那么就努力奋斗，让自己变得更好。初入社会的我们，就像一块未经加工和打磨的璞玉，如果想要展现自己的价值，就需要历经千雕万琢的疼痛和辛苦。

有的时候，我会想，我们去奋斗、去努力、去经历挫折和磨难，我们做这些事情的意义是什么呢?

意义在于，走在人生路上的我们，想要变成更好的自己。

我们已经见过太多这样的例子。家境贫寒的孩子通过努力读书，最终考取名校，改变了自己的未来；或者是一个来自三四线城市的年轻人，背井离乡、努力打拼，为的是能够得到一个一线城市的户口，让自己的孩子赢在所谓的起跑线上。

无论出于何种目的，他们的这些做法，最终都达成了同一个事实：他们通过努力，改变现状，变成了更好的自己。

我在为家人购买保险的时候，遇到过一个销售员。这个销售员不过二十几岁，每天辛苦工作，在别人都因为“下雨”“太热”等客观因素而放弃出去工作时，他依然坚持每天拜访客户，坚持写拜访日记。当发现自己阅历不够多的时候，小伙子就坚持每天读书，写一篇读书笔记；当发现自己在面对客户时紧张得说不出话时，他就整晚整晚地背话术、看新闻，了解身边的新鲜事，学习沟通技巧，争取在短时间内抓住客户的兴趣点，和客户有话可聊。

努力和回报是成正比的，不到三个月，这名销售员就成了销售冠军，工资也是销售员中最高的。

原来，这名小伙子的家在农村，家境一般，父母都是务农的老实人，无法为自己的生活提供更多物质帮助，就连房子首付都凑不齐。为了在大城市安家，小伙子只能自己贷款买房、买车。生活的艰辛压弯了小伙子的腰，可是他试着挺了挺身，站了起来。

因为业务关系，我和小伙子成了朋友。我们渐渐开始聊起家常、聊起身边发生的事，到后来我们几乎无话不谈。他经常在深夜我加班赶稿的时候打电话给我，抱怨命运的不公和生活的艰辛，以及自己今天又吃了几个闭门羹、丢掉了几个保险单、白白消耗了多少辛苦。

可是，每次谈话的末尾，像是为了让我放心，更像是对自己的鼓励，他对我说道："有句话说得好，在别人看不见的时候，你想怎么脆弱、怎么掉眼泪、怎么舔舐伤口都可以。可是等天一亮，穿上西装咱就得刀枪不入，继续打开怀抱迎接这个世界。”

那一刻，我觉得他酷毙了。

我们或许也曾在年轻的时候抱怨过，等到长大，才逐渐发现，这个世界本来就不是公平的。可是这是好事，它会让我们更加努力，通过努力获得我们想要的东西。

后来，我有幸喝到了小伙子的喜酒，新娘很漂亮，安静地站在他的身侧。我由衷地为现在的他感到高兴。谈到这些时，小伙子并没有我料想中的惊喜和激动，他淡淡地说：“这些都是我应得的。”

家境、出身，我们没法改变。自怨自艾，怨天尤人，这样感情用事的做法，只能在短时间里发泄我们的负面情绪。如果冷静下来仔细想想，就会发现，感情用事般地无休止抱怨不是我们唯一能做的。

我们唯一能做的，就是把握好自己，改变自己。

就像这个小伙子，家庭和出身注定了他无法接受一流的教育，但他靠着自己的勤奋和努力，最终走出了农村，来到大城市生活；自己的父母无法像同龄人的父母那样，为自己安排好一切，那他就自己用双手开拓属于自己的未来。

这个小伙子只是时代的缩影。有千千万万的人和这个小伙子一样，或者是有着相似的经历。

比如：我们想被心仪的公司录用；想找到一份合适的工作；想对喜欢的女孩子告白；想追求更加优越的物质条件；想让父母不再疲于奔命，有一个幸福安详的晚年；想完成自己的梦想……我们内心有太多的想法，有太多想要达到的目标。但是，很多人尚未开始尝试，就被家境吓怕了，被出身吓怕了，好像那些是我们一辈子也无法企及的梦想。

现在的我们可能不是最好的我们，这些目标对于我们来说看起来似乎遥不可及，但是不要轻易放弃，无法改变不能改变的，那就改变能够改变的。改变自己，让我们在成长的路上遇见更好的自己。

认清现实，才能明白如何选择

有一句叫作：“活在当下。”意思是说，虽然我们每个人都有远大的梦想和远方，但是，我们仍然要脚踏实地地做好摆在我们眼前的每一件事情。

活在当下，是我们在吃饭时，认真品尝每一口菜的味道；是我们在下班路上时，感受季节一天一天的变化；是我们在工作学习时，认真背好每一个单词，认真写下方案里的每一句话。

正是有了当下的一点点的积累，才能帮助我们走向更好的未来。

活在当下，首要的事情就是要学会坦然面对全部的当下。我们身边有许多人，仍然不具备认清现实的能力，或者说，他们不想拥有认清现实的能力。

无可否认的是，既有好的当下，也有坏的当下。有的人不愿意面对坏的当下，所以忽略了它们，只选择看见好的当下。有的人不会寻找好的当下，主观性地认为自己的生活一团糟，什么事情都是坏的、糟糕的，看不到好的当下。

我曾经见过一个无法学会坦然面对自己人生现状的人。她叫元媛，是我资助的一名贫困生。因为偶然的一次上山采风，我认识了元媛的父亲，了解到他们家因为家境不好，想让元媛放弃学业，外出打工。我心有不忍，就告诉他们一家，让元媛安心读书，我来负责元媛的学费。

高中是寄宿制，我在咨询了老师家长之后，按月给元媛打生活费。后来，元媛会打电话问我要钱，一开始可怜兮兮的。而且，小女孩正是长身体的年纪，我怕亏了营养，所以每次都会再额外给她几百块钱。

高考结束，元媛考上了一所普通的三本学校。她的父亲问我能不能继续赞助大学的学费，我同意了。为了减轻他们一家的负担，我向他们介绍了国家助学贷款和大学的勤工俭学政策。元媛点点头，表示知道了。

有一天，元媛说想买个手机。在现代社会，没有手机确实不方便。于是，我给她打了2000块钱，让她买手机。可是，元媛给我打电话说钱不够。我问她："你想买什么牌子的手机？"

她说："同学中最流行的那个最新款。如果我不买这个牌子，会被同学瞧不起的。"

我当时的第一反应，是元媛是不是疯了。

后来，我抽空去了一趟元媛的学校。元媛舍友告诉我，元媛在宿舍里经常炫耀自己买的新衣服，化妆品用的都是日韩产品，自称自己有个特别有钱的叔叔。舍友们还说，元媛特别会享受生活，什么都要挑最好的、最贵的买。

回去以后，我立刻打电话给元媛，说："以后我不会再资助你的学费了。"

元媛用最恶毒的语言在电话那头咒骂我，我面无表情地挂掉了电话。

很显然，元媛并没有认清现实。自己的家庭条件不好是既定的事实，父母没钱供自己读书也是既定的事实。我不敢自认为是元媛一家的救命稻草，不敢自以为是元媛的救命恩人。可是，我的好心与善意却助长了元媛的虚荣心。

她喜欢和我讲别的同学又换了新的手机，又入了新的牌子的化妆品，去高档的西餐厅吃饭。可是，别的同学家境优越，是元媛怎么羡慕也羡慕不来的。

家境不好，却偏偏要和他们攀比。这是元媛犯的最大的错误。虚荣心作祟的元媛像是丧失了理智，不顾自己的尊严一味向我开口要钱，她从来没有试着停下来想一想，自己已经走了多偏的路。

我当然不是心疼自己花了那么多的钱，如果是学业上的需要，那么我宁可缩减自己的生活费，也要保证元媛的需求。可是，事实证明，我的钱并没有花在合适的地方。元媛的奢侈和虚荣心简直让我咋舌。

我们常说，人要能享受最好的，也能承受最坏的。我们可能正身处顺境，也可能正身处逆境。有的人可能家庭突遭变故，有的人可能刚刚失业，有的人可能天生残缺，有的人可能不幸遭遇车祸……这个世界上有一万种可能，有一万种意外。

我们要做的，就是要学会坦然面对全部的当下。抱怨生活不是办法，自怨自艾也不是办法，颓靡不振、放弃掉自己的人生更加不是解决的办法。假如我们不去想、不去看，我们的当下就不存在了吗？不，这只是自欺欺人、没有脑子的想法。但凡一丝理智尚存，我们的大脑就会告诉我们自己，现实就在那里，无论你想看还是不想看。

我们可以选择花一个晚上的时间，在夜深人静的时候，一个人肆意地宣泄自己的不满和绝望。等到宣泄过后，我们依旧要有一种宽大的心态，包容我们自己全部的当下。是好，是坏，都是实实在在地摆在我们眼前的，坦坦荡荡地面对就好。

不要一味感情用事，而是做一些有脑子的选择，那就是坦然面对全部的当下。只有学会坦然面对全部的当下，才算是选择了正确的人生态度，才算是勇敢地踏出了正确的第一步。

Part 2

世界终不会辜负努力的你

如果没有努力，即使曾经是天才，也会很快陨落，被旁人超越。不是天才也没关系，奋斗和努力，胜过所有怀才不遇。

比天赋，不过是走下坡路的推手

天赋重要还是勤奋重要，这是一个值得深思和探讨的问题。

在我看来，天赋的确占据十分重要的位置。纵观历史长河，那些获得了极高成就的人，似乎都拥有异于常人的天赋。

音乐大师莫扎特在他6岁的时候便可以在父亲的支持下举办巡回演出；数学家高斯在10岁的时候便找到了等差数列的简便算法……这些事例，不可不归功于他们的天赋异禀。

因此，有天赋的人在年幼的时候，就能比同龄人更轻松地达到普通人再努力也达不到的高度。但是，随着年龄的增长，天才依旧能够依靠天赋来让自己站在某个领域的顶尖吗？

在绝大多数情况下，答案是否定的。

我的小外甥年年，从小就被街坊邻居称为神童。在他很小的时候，年年就喜欢把家里唯一的算盘当作自己的玩具拨弄。上小学时，年年只要看过一遍课本，就能轻松掌握所有数学知识，不需要老师的额外讲解。在五年级的时候，他顺利拿到了全市奥数比赛的冠军，是同学眼中的“学霸”级人物。

在数学上的卓越表现让年年变得膨胀起来，他觉得自己不用认真学，就能掌握全部的数学知识。上了初中，年年依旧如此。他在数学课上画漫画、吃零食，从来不认真听讲，对待课后作业也是马马虎虎，东借西抄，然后把作业交上去。

班主任多次找年年谈话，如果继续保持现在的状态，那么成绩会继续走下坡路，甚至连升学都会十分困难。

年年点头附和着老师，心里却想：那么简单的东西，根本不用我耗费精力去专门学习。

数学期中考试，年年依旧不用心对待。年年说：“期中考试而已，不用当真，我的大脑是用来研究特别深奥的数学知识的，才不要被这种低级的数学题占用我的脑子。”

“我是天才。”年年总喜欢说这句话。

就这样，年年跌跌撞撞到了高中。在高中，数学的难度陡然升高，很多人提起数学都是咬牙切齿的样子，夜夜挑灯奋战数学习题。学习节奏骤然紧张起来，但年年依然觉得学习数学没必要那么拼，不是说劳逸结合才会提高效率吗?

所以，每当班里的同学在晚自习后迟迟不肯离开教室的时候，年年总是第一个冲出教室。当别人在假期认真完成老师的作业时，年年则窝在满是烟味的网吧里，和网上认识的朋友一起打网络游戏，从来没有担心过成绩的问题。

就这样，年年持续地放纵自己，尽情地玩游戏、睡觉，从来没有想过要好好学习。

因此，当年年意识到自己的错误时，已经完全来不及了。年年捧着满分150分的数学试卷，看看卷子上面鲜红的“76”，再看看同学们的“140”，这才意识到，如果继续以这样的状态参加高考，铁定砸锅。

幡然醒悟的年年打算开始好好学习数学，但他依然觉得以自己的聪明才智，只要突击几天，所有问题都可以迎刃而解。

可是，高中数学知识的庞杂系统岂是小学程度能比的？以高中数学的广度和深度，一天两天的突击怎么能掌握呢？即使年年煞费心思，苦心读书，最终还是没有在高考之前赶上来。

现在，当周围的邻居谈论起年年，不再是夸奖和赞誉，而是全部变成了惋惜。

我们都知道《伤仲永》的故事，年幼的方仲永天资卓绝，年仅五岁便会作诗咏句，可是，他的父亲却仅仅把他当作赚钱工具，从不让他学习，因此方仲永长大后只能“泯然众人矣”。

天赋，只会让我们在最初的时候展现某方面的能力和兴趣，它可以在幼年时提升我们的自信，可以给我们未来选择人生道路做参考，但我们却不能一直依靠天赋来支撑未来的人生。归根到底，天赋只能在我们的发展过程中起到最初的引导和辅助作用，勤奋和努力才是关键的制胜法宝。

单纯比天赋，是没脑子的人的做法，因为它会让我们沉迷于自己不值一提的小小成就，迷失自我，安逸度日。如果我们只沉浸在过去的辉煌里，单单因为有了某个领域的天赋而沾沾自喜，不肯努力，那么只会浪费掉已有的天赋和成就，变得越来越平庸。

真正聪明的做法，是理性地看待天赋的作用。也就是说，不要一味地追寻社会主流的发展道路，更不要只是拿着自己的天赋与他人做比较，从而变成盲目的自大与自负。我们需要让自己的天赋与我们真正的兴趣和爱好结合起来，成为我们面临人生抉择时的指南针。

正是因为有了天赋，才更加值得我们去努力。我们比旁人多拥有了某个领域的敲门砖，但并不意味着一定可以敲开这扇门，必须通过不断的努力让这块敲门砖变得更加坚硬，才能持续提升我们自己的实力，让我们可以初窥这个领域的美好，以此来激励我们继续走向未来。

这个世界，唯一不缺的就是天才

我曾有幸受邀参加母校的60周年校庆。在与学弟学妹们的交流过程中，一个长相憨直的男孩子问了我一个问题："如何摆脱自卑心理？"

我问他，是什么原因导致他自卑的。

这个男孩子叫王陆。王陆对我说，当他在家里的小学念书时，他的成绩一直是年级第一，那时的他，能够全班第一个完成老师留下的习题，并且全部正确；能以最快的速度背诵课文，一字不差；老师上课讲述的内容听过一遍就能完全记住。

那时的他，最不缺少的就是自信。无论是邻居，还是亲戚，都夸他聪明、懂事，喜欢把他称为“天才”，并说王家是要出大学生的。每次听到这样的话，王陆的父亲都会默默地抽几口烟，表示默认。但王陆心里清楚，父亲一定非常骄傲。

王陆的中学是在省城上的。到了新学校，一切变得不一样了，一直让王陆引以为傲的成绩在这所学校显得平淡无奇，这里的同学似乎个个都是天才。

甚至，这个“天才”的含金量比自己所谓的“天才”要高得多。老师讲述的内容他们不需要耗费多少工夫便能全部记下，老师留下的作业他们也能很快做完，甚至一道题可以写出三种不同的解法。王陆需要特别努力才能勉强跟上全班的进度，同学嘴里说的东西更是他从来没有见过的花花世界。

于是，发现差距的王陆变得自卑起来，好像从前的自信在现实的打击下烟消云散，他开始变得越来越沉默。没有朋友的他，把全部的精力放在了学习上，排名从最开始的中等逐渐上升到年级前几名。班里的同学也都渐渐熟悉，有的同学开始找他问作业、问问题，他似乎又找回了自信。

高考后，他进入了一所还不错的大学。进入大学，王陆发现，同样的事情再次上演。不少同学来自大城市，同学们吃的、用的、玩的，他都没听说过。而且，身边的同学似乎不用多费心思，便能考出一个很好的成绩。他们用空闲的时间学乐器、参加社团、加入学生会，似乎每一件事对他们来说都得心应手。

在小地方，可能方圆十几里才会有王陆一样的“人才”。来到了更广阔的天地，像王陆一样的“地方人才”俯拾皆是，每个人都带着天才光环，因此王陆已经很难有优越感了。这种心理落差实在太大了，王陆很难一下子适应，于是他开始自卑起来，并且感觉到非常迷茫：“之前那个像天才一样的自己到底去哪了呢？”

在我们每个人的成长历程中，可能都会遇到这样的同学、朋友或者同事。他们是父母眼中“别人家”的孩子，是老师眼中万年不变的好学生，是老板眼中不可多得的高效能人士。他们聪明，善于触类旁通、举一反三，似乎轻而易举就能在学业上、工作中拿到好成绩。并且，他们不是传统意义上的“书呆子”，不仅学识渊博，而且多才多艺。这样的人，我们见过太多了。

其实，这个世上，有太多天才。可以说，王陆经历了多次冲击，是因为他没有意识到这个世界最不缺少的就是天才。之前的王陆像极了井底之蛙，只是待在自己小小的世界里，不知道外面的天地有多广阔和精彩。

如果王陆有机会去世界各大名校看一看的话，他会见到更多的天才，受到更多的冲击。

国内有一档综艺节目，邀请了世界各国11名优秀青年代表。这些青年代表，个个是名校毕业，有的颜值极高，有的家境富裕，有的非常聪明，更可怕的是，他们很有情商，每个人都出类拔萃。

的确，每年都会有大批的优秀学生涌进首屈一指的学校。在这样的学校里，天才似乎已经成了最常见的事物。诚如哈佛大学一位教授所说："我们已经有足够多天才一样的学生了。"

然而，在遍地都是天才的环境里，竞争会更赤裸、更无情、更激烈，最终脱颖而出的必然是更加努力的人。

当人人都是天才的时候，也就意味着回到了同样的起点，想要第一个到达终点，就需要在奔跑的过程中努力比别人跑得更快一点。

天才与天才之间的较量，不是看谁比谁更聪明，而是看谁比谁更愿意付出。

所以，一味地扯着自己是"天才"的标签，而不看清现实，是最没脑子的做法。同样，由于这种落差而让自己一直沉浸在自卑的情绪之中，更算不得理智的行为。

王陆是个幸运儿，他有幸见到了这个充满着天才的广阔世界。但对于王陆而言，现在最有脑子的做法，就是把自卑的情绪抛在脑后，通过向优秀的同学学习，发现自己的不足和劣势，正视自己和他们的差距，挖掘他们身上的优点和长处，通过不断地汲取和奋斗，缩小和他们之间的差距。

正是因为天才如此之多，勤奋和努力才显得更加珍贵和重要，它是我们与旁人拉开差距的唯一筹码。如果没有努力，即使曾经是天才，也会很快陨落，被旁人超越。

是天才也没有什么了不起，不是天才也没关系。奋斗和努力，胜过所有怀才不遇。

让奋斗成为常态

听同事说他家的孩子今年要参加高考，虽然不是自己参加，但看他的样子，简直比自己高考还要紧张。

我安慰他道：“不就是花两天时间做四张卷子吗？不要有太大的心理压力。”

同事则不以为然，反驳我道：“当然不可能是你想象得那么简单。高考可是决定人生命运的一次考试。”

同事说的这句话很对，高考会决定人生命运。高考生做完简单的几张试卷，依靠卷子上的打分，就决定了他们可以去什么样的城市、进入什么样的大学。高考成绩好，自然选择余地大一点，甚至可以选择国内一流的大学；高考成绩一般，选择空间稍小，只能在一般的学校中进行选择。

然而，虽然说大学之间的教育水平有所差距，但是这些差距并不会对人的命运起决定性作用。真正决定一个人命运的，是自己的努力和奋斗。

高考结束，无论结果是好是坏，都只能决定我们去什么样的城市读什么样的大学而已，我们未来的命运，其实刚刚开始。

我之所以会这样认为，是因为我曾见证过类似的例子。

在我高中的时候，班上的学习委员一直是老师教育我们时的正面例子。他在考试时永远是全年级第一，并且总分极高，年级第二无法望其项背。

我的座位在学习委员后面。为了提高自己的成绩，我曾观察过学习委员的学习习惯，我心里想，如果能模仿他的学习方法，我肯定也能提高名次。可是后来我选择放弃，因为学习委员实在太刻苦了。

他会在早上洗漱的时候默背前一晚的英语课文，会在走去教室的路上复习单词和生字，会在每一个课间休息的时候做一道数学大题。而这对我而言，是难得的休息时间，如果安排满满的学习计划，那样会非常累，而我吃不了这种苦。

学习委员的年级第一，果然名不虚传。

高考结束，学习委员如愿考上了心仪的大学。

刚到大学，一切都是新鲜的。学习委员面对全新的大学生活，不再像高中那样，一下子失去了目标和理想。在大学里，逃课、聚会、喝酒样样不落。老师留下的作业从不认真完成，更别提阅读相关参考书籍了。每学期，学习委员去图书馆的次数屈指可数。

后来，果然不出所料，由于出勤次数不够，学习委员无法参加期末考试，在辅导员的建议下，他选择重修。不过，学习委员依旧我行我素，没有把重修的事放在心里。

就这样一直到了大四，临近毕业的时候，学习委员离学校的要求差了二十几个学分。因为少了太多学分，他没有办法正常毕业，只领到了肄业证书。

学习委员在高考后迷失了自己，放弃了努力，所以他在大学才会如此惨淡，无法顺利毕业，无法以本科学历寻找工作。如此一来，高考时的所有辛苦和努力也都付之东流了。

这样的人不在少数，高中时会在学校老师的高压政策下玩儿命学习，每天要写满10张A4纸大小的草稿纸，用完一整根水笔芯。每天几点起床、吃饭、睡觉，都是按秒规定好了的。在这样严厉的督促下，他们会认真地做好每一件事。

有人统计过，根据科学计算，如果要做完各科老师留下的作业，需要15个小时，而每天的自习时间只有短短的3个小时。所以，即使自己只能达到要求的70%，那也会是一个很好的结果。

但是，这些人被固化成了考试机器。一旦脱离如高中这般严苛的环境，进入了自由的大学校园，便无法适应。有的人会因为长期被高中生活压抑而在大学时彻底放纵自己，通宵、逃课、每天打游戏，然后顶着两个大大的黑眼圈，穿着皱巴巴、并且有点泛黄的T恤，神色匆匆地赶去教室上课。

所以，哪怕我们稍微理智地用脑子思考一下，就会有这样一个疑问："经历完高考，我们的人生就被定性了吗？高考成绩好的人，就可以随心所欲地放纵人生吗？"

当然不是。我们不要迷信一次高考就会彻底改变一个人的命运，高考，只是为你改变命运提供了一次机会。

高中教育的根本目的是培养人，帮助人形成对世界、社会和自身的正确认识。高考的目的也不是单纯地通过一次考试把人分成三六九等，而是把同龄人聚合在一起，体验为了各自的梦想而奋斗的辛苦与快乐。

有人说："经历过高考，才觉得自己真正长大。"

其实，除了学校以外，社会也可以让我们成长，高考并不是唯一的出路。

强调高考的重要性来激励学生们好好学习固然无可厚非，但许多学校老师和家长高喊“辛苦一年，受益一生”这样的口号，告诉学生们只要考上好大学，一辈子就可以轻松无忧了。结果很多人考上大学以后，便放松了对自己的要求，荒废了本该十分美好、充实的大学时光。

通过自身的努力在高考中取得好成绩，固然可喜，但是，这只是人生路中的第一步而已。高考结束，并不代表着就可以停止努力和奋斗。

高考时的优秀，能够为我们提供一个比旁人更高的起点和平台，只有好好把握机会，在大学里好好努力、不虚度光阴，我们才能继续顺利地走下去。

经历完高考，只能说是人生的某一个阶段告一段落，新的阶段才刚刚开始，我们仍要继续保持奋斗的状态。

自律，年轻时的必修课

在高中时期，我们每个人的目标就是高考。老师们会为我们构造一幅美好的蓝图，告诉我们到了大学就可以“享受”了。当初的我们懵懂无知，一直笃定地认为，只要上了大学一切就都会变得非常美好。

可是上了大学，我们才发现事实并没有想象的那样简单。上了大学后，我们好像一下子失去了奋斗的目标，也失去了奋斗的动力，感觉自己整日无所事事，好像做什么也没有必要似的。

但是，大学真的是什么事也没必要做吗？

不是的，大学并不是无事可做。我们除了必须完成的课时、学分、论文外，还必须面临和处理许许多多复杂的事情。

遗憾的是，有些人想法天真，认为上了大学便可以放纵自己，尽情肆意，什么都可以不管不顾。

初入大学的他们，脱离了高中时严苛的要求，耳边突然少了父母的叮嘱和老师的教育，像一匹匹脱缰的野马一样无拘无束。

他们在大学里浑噩度日，把每一天美好的清晨都以昏睡的形式度过，即使某一天的早上有课，也因为舍友能够代替签到而选择继续睡死在床上；他们会叫上几个朋友，勾肩搭背地一起去网吧上网，将宝贵的大学时光全部蹉跎在晃动鼠标和敲打键盘上，只为了能在游戏里打上段位，成为所谓的“王者”。

等到黑夜褪去，太阳初升，他们再顶着大大的黑眼圈，萎靡不振地向校园走去，瘫倒在宿舍的床上，甚至连饭都顾不上吃；或者是窝在寝室里争分夺秒地看剧、刷微博，把所有的精力全部用在虚拟的网络社交上。

他们受够了三年中规中矩的高中生活，校园里的每一个铃声都必须严格遵守，晨起铃、早读铃、上课铃，就连晚上睡觉也有固定的时间。他们受够了穿了三年的中规中矩的校服，因为单一样式的校服压抑个人的天性，就连偷偷改下校服裤子的款式也不可以。所有的一切已经制定了标准化模式，而身处其中的每一名学生，只要严格按照模式去做就可以。

这对于有些人来说，实在是过于压抑。正所谓“物极必反”，当他们脱离高中的藩篱，一下子变得自由起来的时候，内心的叛逆便在瞬间叫嚣起来。

“上了大学，我就要特立独行，成为和别人不一样的人。”

“没有人能够再约束我，我可以想上课就上课，心情不好不想上课就不去了。”

“又查寝室？又查出勤？没事，不用理他们。”

……

叛逆、不安本分、追求个性……各种各样的心理在进入大学后一下子迸发出来，走在大学校园里，觉得自己是最有个性的人，每天老老实实按时上课的同学又算得了什么呢？

被压抑太久想要释放的心情可以理解，但是如果在大学四年一直如此，便是不理智的行为。因为，在释放了压抑的内心后，他们什么也得不到。

如果继续如此，不屑于成为自己眼中的没个性的人，那么只会眼睁睁地看着自己一点点堕落下去——整天只顾着吃喝玩乐，忙着张扬自己桀骜不驯的个性，在大学校园里特立独行，却忽视了作为一个学生最重要的任务。

在大学，选择范围会有所扩大，自由度也有所提升，努力的方向也多种多样。但这并不意味着就可以放松自己。

即使上了大学，年龄上已经属于成年人，但既然作为学生，就要有学生的样子。首先，每天按时上课、完成老师留下的作业是最基本的要求；其次，大学生是距离社会最近的人群，所以除了课业以外，社会知识也应及时储备，比如积累更多的社会经验。

面对花花世界的诱惑，我们更要学会在各种各样的岔路口上做出正确的选择。我们需要太多的知识来武装自己，这样才能在大学毕业后顺利进入社会，完美地融入社会。

有的人选择了学术研究，于是图书馆和自习室就变成了“常驻地”；有人想要毕业就拿到大企业的应聘合同，于是在课余时间努力参加社会实践。

我们要清醒地认识到，心性放纵、桀骜不驯、特立独行，并不能让自己真正变得优秀。大学，只是一个让我们走向成功的平台和起点，它为我们的未来提供了各种各样的可能，但它绝不是放飞自我的借口。

大学其实有很多事情等着我们去完成，我们会拥有新的目标和方向，会开始新一轮的努力和奋斗。

选择好你全力以赴的方向

新学期开始的时候，我想给女儿报一个课外兴趣班。当时我在舞蹈班还是国画班两者之间纠结，甚至想着要不要用掷骰子决定，比如掷到了1、3、5，就去舞蹈班；掷到了2、4、6，就去国画班。

正在旁边瞪着眼睛看我的女儿却突然开口，说："爸爸，你怎么这么不入潮流啊，班上的小朋友都报数学班、作文班和英语班，没有人报舞蹈班、国画班了。"

我很吃惊，问女儿道："那辅导班上都学些什么内容呢？"

“就是跟平时学的知识一样啊，不过感觉习题比平时的要难一些。”

听女儿说完，我恍然大悟。这哪是兴趣班呀，分明就是课外补习班。现在的家长们，为了提高子女的学习成绩，给孩子们报了形形色色的补习班，生怕孩子们在学校里学不够似的。

几天后，我去参加女儿的家长会。在家长会上，老师说，新学期开始，希望家长们配合老师工作，帮助提高同学们的学习成绩，然后老师列举了一大堆规定。其中有一条是不允许看课外书。

我问老师：“课外书的界限是什么？什么样的书是课外书？”

老师回答道：“跟课本无关的书都是课外书。”

与课本无关的，那岂不是连《昆虫记》《小王子》这样的书都不能阅读了？

老师说：“课外书都是没用的书，我建议家长们多给孩子们买一些有用的书。”

故事书、童话书是没用的书，练习册是有用的书；给孩子报兴趣班会害了孩子，给孩子报补习班才是真正对孩子好……现在的教育，逐渐变成了一种“功利式”的教育，仿佛只有把一切精力都放在提高成绩上，才算是有意义。

不仅家长们变得急功近利，就连年轻人在学习的过程中也变得急功近利起来。

可以说，大学的专业选择将会决定一个人未来几十年从事什么样的行业。所以，选择大学专业是一件非常慎重、庄严的事情，兴趣必然是首要考虑的内容。

但是，许多年轻人在报志愿时，丝毫没有考虑自己的兴趣和适合的领域，而是根据各种新闻报道中的收入排名来进行专业选择。比如，有一段时间，律师和会计是热门职业，于是几乎有一半的学生选择了这两个专业。法律和财会两个专业门庭若市，其他专业则倍感冷清，尤其是汉语言专业、生物专业等本就冷门的专业，在大环境的衬托下更是几乎没有学生报考。

这说明社会并不需要这些冷门专业了吗？并不是的，无论在什么样的时代，什么样的社会环境下，如果只存在律师和会计，那么整个社会系统是根本无法运行的，它需要多个领域的专业人士共同为社会的发展贡献力量。

那么，是学生们全部对法律和会计感兴趣，而对其他专业丝毫不感兴趣吗？当然也不是这样的，只是因为他们在报考专业时没有考虑自己的兴趣而已。

许多年轻人在选择自己学什么的时候，其实根本没有自己的主见。一项调查显示，超过一半的年轻人无法自主选择要学的东西，别人学什么，自己就跟着学什么。看到同宿舍的人都去报考教师资格证，他也会跟着去报名。但是，他却从来没有冷静地考虑一下，自己报考这个证书到底有没有用，将来会不会从事教师这个行业。

当问到为什么报考教师资格证时，他们的回答则是："看起来很有用的样子，并且，舍友都报名了，我当然也要跟着报名。"

这并不是个案，而是当今年轻人中普遍迷茫的一个问题。

"有用"和"跟风"成为当今不少年轻人选择学什么的重要根据和原因，他们常常被别人的意见所左右。

但是，如果只凭借这两个和自己毫不相关的理由来选择学什么，岂不是太愚蠢了？如果按照这两个原则选择了将来要学习的专业，不合适了怎么办？自己不喜欢了怎么办？社会发展速度快，等学成毕业后这个专业不再是热门职业了怎么办？

我们需要冷静地思考一下，不自主决定要学什么，真的没问题吗？

无疑是非常有问题的。当他们开始接触学习这些并非自主选择的内容时，会发现自己其实根本没有兴趣，甚至会发现自己并不适合这个领域。明明是一个理工科的天才，却偏偏随大流去学法律；一个文笔极好、诗词歌赋信手拈来的人，却偏偏因为看似好就业而去学了会计……不适合自己，却要硬着头皮去学，即使学得焦头烂额，也不一定能有什么好成绩，最后的结果必然是徒劳无功。

所以，年轻人一定要有自己的原则，内心清醒地认识到自己应该学什么，不应该学什么，想学什么，不想学什么，什么东西能学好，什么领域压根就不适合自己。

世上有千千万万的人，上天一定是赋予了每个人不同的能力和优点。自主地选择自己想学的内容，自己决定将来要成为什么样的人，这才是聪明人的做法。

没有“学力”的人，谈什么诗与远方

我身边的理想主义者们最喜欢的一句话，就是“生活不止眼前的苟且，还有诗和远方”。原句出自一档综艺节目，清华大学高才生梁植问自己应该找一个什么样的工作，高晓松回答了这句话。高晓松在回答这个问题时，既有对生存和生活之关系的思考，也有对当今大学毕业生如此功利化和对未来如此迷茫的痛心。

原句的出发点是好的，它是理想主义者捍卫自己理想的工具，也是现实主义者为了实现自己的理想而更加努力的激励。

可是，很多人把这碗鸡汤一口气灌入喉，却从来没有理智地思考一下这句话适用的人群。

对于年轻人而言，这句话适用吗？当然不适用。年轻人刚刚走出大学校园，每个人都是十成十的理想主义者，他们的心中填满了诗与远方、理想与信仰。可是，他们却没有真正经历过现实的苟且，连现实主义者都不如。

如果把这句话稍加改编，可能相对比较适合他们——没有学力的人，拿什么谈诗与远方。

没有学力，指的是没有学习能力、动手能力和知识经验。简言之，就是在现实生活中没有学会掌握理论、技能，实践操作也不优秀的人。

我们身边不乏这样的人，没有什么能力，也没有什么成就，更别提什么收入了。在上学期间，他们的成绩总是倒数；工作时，他们的业绩又算不得光鲜。总之一句话，在现实世界里还没有体验过“苟且”，可是他们却偏偏大喊着“理想万岁，自由万岁”，然后去寻找所谓的诗与远方。

如果连一点能力都没有，并且从未体验过“苟且”的日子，哪有资格谈什么诗与远方。

高晓松谈诗与远方，是因为他家境殷实、博闻强识。小时候他家里的邻居是梁思成，并且曾周游各国、见多识广。

在物质方面，高晓松什么都不缺乏；在精神方面，他从小和各领域最顶尖的人士进行沟通和交流。他是社会上的佼佼者、众人眼中的成功人士。这样的人，才值得谈诗与远方。

而我们呢，则大多数是普通人，身无长处，没有一技之长。上学期间浑噩度日，从来没学到过什么真正的技能。进入社会，找一个凑凑合合的工作，得过且过地生活。从小到大，我们从来没有试过为了达成一个目标而努力奋斗。这样的我们，当然会在现实的苟且里挣扎。

我家楼下有一个租客，名叫刘希。刘希是一名大学生，不好好在学校里上课，却跑出来租了一间公寓。

有时，经常一连几个月我都看不到刘希，原来他是跑出去穷游了。据他介绍，他马上就要看遍西南地区的山山水水了，下一个目标是云南。

我看着刘希黝黑的脸上带着自豪的笑意，不禁有些担心地问他："你一跑出去就是大半年，学校那边没问题吗？"

刘希回答道："课业、成绩、论文，都是现实的苟且，我要关注的，是诗与远方。"

我暗自在心中叹了口气，又是一个被毒鸡汤荼毒了的年轻人。

我问刘希："那你出去玩的钱是怎么来的呢？"

“爸妈给的生活费啊，我还是个学生呢，完全没有收入呀。”刘希理所当然地回答。

刘希看起来很兴奋，手舞足蹈地和我讲起他看到的风俗人情。

“你知道吗？南方的树叶就是和咱们北方的不一样。”

“你知道吗？我认识了许多‘穷游’的朋友，他们一直都在路上。”

……

看着刘希越讲越激动，我的心却渐渐沉了下去。

身为一名大学生，刘希的任务是留在学校里，安心上好每一节课，认真完成老师留下的每一项作业，按时参加期末考试，踏踏实实地在学校里学一点专业的知识。可是，刘希却在最需要学习的时候出去乱跑。他口中所谓的领略人文风情，和他的学业相比较，根本一文不值。

除此之外，刘希没有任何收入，他所有用来感受诗与远方的费用全部来自父母给的生活费。我想，他一定不知道赚钱的辛酸和不易。否则，他绝对不会如此痛快地花费大量的金钱跑出去旅行。

说到底，像刘希这样，没有任何生存技能和社会经验，却偏偏想要去寻找所谓的诗与远方，根本就是被毒鸡汤灌得迷迷糊糊，没有脑子的做法。更何况，诗与远方也并不仅仅是刘希现在理解的浅层意思。

追求诗与远方，什么时候都不算晚。而一旦错过了学习知识最好的年龄，就真的只能望洋兴叹了。刘希现在需要做的事情，不是继续像游魂一样四处漂泊，追求他心中所谓的诗与远方，而是要沉下心来，安安静静地完成自己的学业，学得一技之长，以在这个社会上立足。

人之所以区别于其他动物，是因为具有理性和对生活的完整把握。苟且是现实的世界，诗与远方是理想的世界。如果想谈诗与远方，就要自己先具备学习各项技能的能力。没有学力，永远不会体会到诗与远方的真正意义。

将来的你，一定会感谢现在努力的自己

“将来的你，一定会感谢现在努力的自己。”

最初听到这句话，是在回母校参加校庆时张校长在升旗式上的演讲里。张校长说他劝同学们好好学习、努力奋斗，不是为了学校教职工的业绩，不是为了学校的招牌，而是真真正正让学生们受益。

“学习，是为自己而学；努力，是为了自己而努力。”张校长还让同学们把这句话当作座右铭，时刻提醒自己。

当张校长说出这些话时，台下一阵哗然，学生们立刻窃窃私语起来。我知道很多同学肯定会对这句话嗤之以鼻，认为张校长不过是为了让他们好好学习。

可是我却知道，张校长说出这句话时满满的诚意和真心的期许。

还没毕业的时候，我作为校园记者采访过张校长。当时我问了张校长一个问题：“您做过的最庆幸的一件事是什么？”

张校长没有片刻的考虑，毫不犹豫地回答道：“我最庆幸的一件事，就是我当初拼命努力学习了。”

张校长如此笃定地回答，是和他的亲身经历分不开的。

恢复高考之后，不少年轻人参加高考，考上了大学。张校长也打算复习，准备考大学。可是，他的家人在听了他的想法后，表现出了极大的反对。究其原因，不外乎家里的弟妹还小，父母的收入有限，如果他去念书的话，家里就更没有人挣钱了。

于是，一心想参加高考的张校长拍拍胸脯，对父母说道：“我不会耽误挣钱的，只要你们别再反对我念书。”

如此这般，张校长才算是说服了家人。

张校长的工作是拉着平板车给人送货。那时的他又瘦又小，面对满满一车的货物，张校长只能弓着身子，才能拉得动。遇到上坡路，他就只能咬着牙，额上暴起青筋，一步一步地往前走。

为了节省时间，张校长把要背的知识点写下来，剪成一张张的小卡片，用绳子穿着，挂在腰上。这样一来，他就可以边拉车边复习功课。

同行的车夫看不惯他，总是酸言酸语，“哟，张家的小子又开始刻苦读书了。将来，人家可是要考状元的。”他们几个人嘻嘻哈哈的，来抢张校长拿在手里的书。张校长怕他们玩闹时把书撕破了，护着书不给他们。他们就会说：“这还没去考试呢，就已经翻脸不认我们了。”

每当这个时候，张校长就会默默地把书护在怀里，一句话也不说。

晚上看书的时候，为了节省灯油，他常常跑到屋子外面，趁着月光读书。冬夜，地上的雪反射月光，显得亮晶晶的，张校长格外珍惜这种时候，即使是大冷天，也要在外面待好久，常常冻得腿都失去了知觉。

时间久了，因为睡眠不足，他甚至到了站着都能睡觉的地步。可是，张校长依然坚持着在进考场前把所有的知识点反复背了七遍。

张校长拼命努力，最后终于如愿以偿，进入了大学校园继续学习。

他回忆道："后来我经过了很多事，都没有那两年留给我的印象深刻。因为这段经历是我人生中最艰苦的一段经历，也是我最感激的一段经历。"

的确，如果不是张校长当初对自己如此狠心，如此努力，那么绝不会有今天的他。正如一位作家所说："你给生活机会，它才会给予你风景。"张校长之所以这么努力，是因为他清醒地认识到，如果想要未来的自己过得很好，那么全靠现在努力的自己。

我们身边有很多人，不会动脑子为自己的将来打算。于是，学习不用功，工作不上心，贪玩，三分钟热度，白白浪费掉自己的大好时光，好像自己的所有工作都是为别人而做。并且，最可怕的是，他们明明极其平庸，却告诉自己这是平凡可贵。可是，这是极其错误的想法，平凡只是他们给自己的不努力寻找的借口而已。

我们所做的每一件事，无论其一开始的目标是什么，最后的结果都是加诸我们自己身上的。上天永远是公平的，我们所得到的一切都是我们自己努力得来的。

在我们足够优秀之前，总会有一段沉寂期，总会有一段不被人注意到的日子。在这段时间里，我们可能被人误解，被人嘲笑，可能要经历漫漫长夜。可是只要坚持下来，就会变得足够强大和优秀，变得闪闪发光。正如张校长之前经历过的，在未成功之前，所有人都嘲笑他，认为他是异想天开，根本不可能成功。张校长没有反驳，只是无声地用事实证明自己是可以成功的。

如果我们好好学习，那么我们就会用好成绩来为自己争取更加优秀的社会资源；如果我们努力工作，那么我们就会在专业领域获得比他人更高的成就。

尼采曾说过：“每一个不曾起舞的日子，都是对生命的辜负。”越努力，未来的道路就会越顺畅。我们现在拼命学习、工作、加班，每一次尽全力的冲刺和奋斗，都是为了遇见未来更好的自己。总有一天，我们会感谢曾经那么努力、那么勤奋的自己。

Part 3

在最好的年纪，做清醒的自己

撕开伪装，认清现实，不要欺骗自己，不要让自己活在“自我感觉良好”的状态里，更不要秀给别人看。如何让自己越来越好，很简单，不为别人而活，只为自己去拼搏。

社会不是你一个人的家

曾经有一段时间，我为了手上的一个项目，去图书馆查阅一些资料。

作为一项基础公共设施，图书馆向市民免费开放，只要在前台办理阅览证即可。所以，每逢周末，图书馆里的各个阅览室便座无虚席。因为是阅读的地方，所以图书馆里十分安静，只有偶尔的翻书声和椅子搬动的声音。

这时，一位男士走进了阅览室，选了一个座位坐下，开始看书。没过多久手机响了，他顺手接起。

如果按照以往的经验，这位男士应该会拿着手机走出阅览室去接听。可是，出乎所有人意料的是，他依旧从从容容地坐在座位上，直到接完这个电话为止。

旁边有一个姑娘看不顺眼了，敲了敲手中的笔，说："能不能麻烦你不要在阅览室里打电话？"

只是很正常的一句话，姑娘也是用征询和建议的语气说出来，可是不知道这句话怎么惹恼了那位男士，他语气极冲地回答说："关你什么事。"

姑娘说："你打电话影响到我了，就关我的事啊。"

男士的嘴一撇，神色极其不屑，对姑娘说："图书馆又不是你一个人的家，你又凭什么管我？"

不仅如此，那位男士还指着鼻子骂姑娘没教养："你父母是怎么教你的？就你这样的态度还来图书馆看书？我看你一辈子也考不了好成绩。"

指责的声音越来越大，后来，整个阅览室的人都看了过来。

姑娘的脸憋得通红，张了张嘴，却说不出话来。旁边的女生实在看不下去，把阅览室管理员喊过来，这才把事情平息下来。

那位男士说图书馆不是姑娘的家，所以没有资格管他打不打电话。可是，正是因为图书馆不是谁一个人的家，才更需要遵守公共秩序。对于这位男士来说，明明是自己先违反了公共秩序，却理直气壮地责怪别人妨碍了自己。

这是我第一次见到违反了社会公德还依旧理直气壮的人。当那位男士说出“图书馆又不是你一个人的家”来让姑娘不要管自己的事时，他似乎把图书馆当成自己的家了。

“我在我自己家，我爱干吗干吗，你管不着。”

我们每个人都知道，每天最轻松的时刻，就是待在自己家的时刻。在家里，我们可以随心所欲地坐着、躺着，吃饭时可以尽情发出餐具碰撞的声音、咀嚼食物的声音和喝汤的声音，可以大声地打电话、看电视、放音乐……在这个私人空间里，我们可以随心所欲、不受任何规则的约束。

然而，图书馆是那位男士一个人的家吗？是姑娘一个人的家吗？都不是。图书馆是一个公共场合，是和“家”相对的一个概念。

在公共场合，如果我们每个人都要随着自己的性子来，那么就会造成非常混乱的局面。聊天、喧哗、吃零食、接打电话，声音此起彼伏，肯定比清晨六点钟的菜市场还要热闹几倍。试想一下，如果图书馆真的成了菜市场，那么也就没有存在的意义和必要了。

我们身边，有太多不讲社会公德的例子。

在电影院里肆无忌惮地打电话、拿着明晃晃的手机走来走去、踢前排的座椅，还有小孩子的吵闹声和哭泣声，这些混乱都会降低观众的观影体验；去饭店吃饭，小孩子跑来跑去、嬉戏打闹，稍不注意就会撞上上菜的服务人员，顺便打碎几个盘子和碗；过马路时从不抬头看红绿灯，被一群人裹挟着，堵住机动车的路，直冲到马路对面，给交通带来了极大的不便。

而当这些不遵守社会规则的人反过来指责那些指出他们问题的人时，他们的真实意思其实是："你的行为影响到我不遵守社会公德了。"这是极其自私的想法和做法。

不遵守社会公德的人，为什么要这么做呢？因为这样做没有任何坏处，我们目前没有一个完善的社会规则体系，不会给自己带来任何的惩罚和损失，这样做反而会给自己带来些许便利。于是，他们就可以把所有的公共场合当成是自己的家一样。

如果他们跟着一群人集体闯红灯，就能为自己"节约"几分钟的时间；如果他们去地铁站门口抢别人发放的公益报纸，就能给自己家里占点小便宜；如果他们在电影院里随意丢垃圾、踢前排的座椅，就能让自己在影院里更自在和方便一点。

可是，这样做的后果却是方便了自己，麻烦了他人。把社会当作是某个人的家，是没脑子的想法。如果每个人都像不守公共规则的人那样，由着自己的性子来，那么这个社会将会没有任何秩序可言。

每个人都想“节约”几秒时间，所以都不遵守交通规则，横冲直撞地往前走，那么所有的车辆和行人都会被堵在十字路口，一步也走不动。由此可以看出，违反社会规则得到的便利，并不是真正的便利，它反而会让我们的生活一团糟。

真正有脑子的做法，是不把社会当成自己一个人的家。身处公共场所，就要学会遵守公共场所的规则。如果每个人都能遵守规则，不让自己的行为给他人带来麻烦，我们每个人才能在社会中感受到真正的便利。

远离那个只是看起来很好的自己

曾经有一段时间沉迷朋友圈，看到“发现”栏的红点便会手贱点开，顺便浏览朋友们的日常。

A君PO了张精心修饰过的自拍图，配文：又是美好的一天；B君发了一张刚拍的天空，感慨雾都也有这样的蓝天；到了晚上，夹杂着心灵鸡汤的各类朋友圈便扑面而来。这个时候，我就会晒出下午下班后吃甜点的配图，“最近好胖，该减肥了。”待到收获了一堆赞赏和评论之后，虚荣心得到了极大满足，躺在床上一条一条地回复过去，乐此不疲，无法自拔。

去吃看起来档次很高的餐厅、去欧洲旅行、去健身房健身、去上瑜伽课、去兴趣社团结识新朋友……从朋友圈的状态看来，每个人都过得极其充实，一副乐观向上、热爱生活的样子。

我身边有个朋友，他一向把自己定义为一名健身爱好者，沉迷于各种健身型男的美照，经常幻想着有朝一日自己也能练出一身漂亮的肌肉，吸引别人的目光。

于是，偶尔周末有空的时候，我会邀请他一起去健身房，想要抑制一下身材越来越发福的不良趋势。然而，到了健身房，我和他各自换好衣服，在跑步机前站定之后，他都会先掏出手机“咔咔咔”来几张照片，有室内环境的、有自拍的，甚至还要给健身房的LOGO来个大特写，顺便貌似无意地露出自己身上价值不菲的运动装备。

“你要给他们健身房当免费代言人啊？”我揶揄他。

朋友边在手机上戳戳点点，边头也不抬地说：“我只是向全天下宣告一下，我来健身了。”

当我大汗淋漓地做完一组训练之后，却看不见朋友的身影。找了一圈，才发现他窝在角落里看手机，看我走过去找他，便嚷道：“我有个同事又趁着年假骑行去了，这次是云南大理。”

“怎么，你也想去？”

“我才不想去呢，天天风餐露宿，太阳晒着、雨水淋着，连找个地方踏踏实实睡会儿都难。”

“那你还羡慕什么？”

朋友撇了撇嘴，道：“我就是眼红他朋友圈比我过得精彩。人家都跑去千里骑行，我却只能躲在健身房里打发时间。”

可是，精彩的人生，不是为自己而活的吗？即便朋友来健身房，可是他只顾着发朋友圈，忙着看赞赏和回复评论，忙着满足假象带给自己的虚荣心，却压根没有做一点有意义的事情，并且白白浪费了一个美好的周末。同事骑行去大理这件事看起来很热血，可是他未必不是边往前赶路边后悔自己为什么不老实待在家里，甚至可能选择中途折返，没有到达目的地。

我身边这样的例子数不胜数。为了发一条完美的朋友圈，经常需要花费数个小时的时间，文字、配图、手机定位无一不精心设计，图片当然是修了再修的，几十张照片里挑一张出来也是常态。有的人甚至会倒3次地铁4次公交再走过一条街只为发一条朋友圈。就好像我们穿上了运动服，站在健身房的门口拍一张照片，就可当作已经运动过了；站在瑜伽垫上摆几个姿势自拍，今天的瑜伽功课就上完了。

仿佛我们自己的生活不是真实的生活，朋友圈里的才是。而所谓的看书、健身、高质量的社交，只不过是我们朋友圈里用来骗人骗己的假象。

有多少人只是看起来过得很好，而不是真的过得很好。

把朋友圈的样子当成自己的样子，是非常缺乏理性的。朋友圈里的我们，朋友圈里的安逸，无论如何也改变不了现实世界的种种惆怅。沉溺于朋友圈，是因为羡慕、嫉妒身边的朋友、同事，“他凭什么过得比我好？我要过得比他们还要好。”这种虚荣心作祟的心理，在现实生活里被累积起来，得不到抒发，就导致越来越多的人绞尽脑汁、费尽心思地更新自己的朋友圈动态，仿佛在向全世界炫耀：“我的人生很精彩，我过得特别好。”

知乎里面有一个很热的问题，“如何高质量地生活？”有一位网友的回答获得了最多关注。她一个人生活，每天下班后可以自由支配时间，并且买了美工笔学写花式字体，买了砂锅给自己炖汤，淘来了刺绣教程学刺绣，学毛笔字、工笔画，学茶艺，刚入手了单反打算学摄影，买了辅导书准备司法考试和教师资格证考试。她说，这样的独处，胜过两个人一起打发时间。

姑娘沉浸在自己的静好岁月里，殊不知这正是逃避现实的假象。

评论里有一条得到了绝大多数人的支持，姑娘只是让自己看起来很忙碌，而不是真正地充实自己。

的确，姑娘不想让自己闲下来，利用自己的休闲时间多掌握几门技能的心是好的。但是这个心未免有些太大了，美工笔、茶具、单反相机所花费的金钱都不是小数目，关键是这么多东西要怎么学？更何况还要同时准备两门考试。

这篇回答里，姑娘介绍刺绣时配的图片是淘宝卖家的配图，辅导书像是买回来刚拆封的，字也没有变漂亮多少，实在是不符合姑娘所说的坚持了两年之后该有的样子。姑娘的心里，大概只是想要获得更多人的关注、满足一下自己膨胀的虚荣心吧。

这不是酸葡萄心理，而是冷静地一针戳破了这个看起来很美好的泡沫。姑娘消耗了自己的金钱和时间，不过是给自己的无所事事找一块华美的遮羞布。真正提升了多少，复习得怎么样，能不能通过考试，只有姑娘自己清楚。

如果受到眼红、嫉妒、虚荣心作祟等不良心理情绪影响，让自己满足于虚幻的朋友圈中的自己，那么很容易会毁了我们自己。

你可能有一次通宵加班完成论文，可能也有一次废寝忘食地学习，你看起来忙忙碌碌，挤掉了睡觉、吃饭、娱乐的时间，可是只有你自己清楚，是不是因为自己拖延症犯了，把工作拖到最后一天，才导致自己不得不通宵努力。

把这样的状态假装成自己在努力，这种看起来很好的自己，实则毫无意义。

我们可以选择活成朋友圈里的样子，但不要被情绪化的自己所主导。按时去健身房，可以在发完朋友圈之后进去跟着教练做几组练习；想把夜跑坚持下来的人，可以把朋友圈打卡当作对自己的鞭策和鼓励；买了书的人，可以在朋友圈写完豪言壮志之后不时分享几条书摘，和小伙伴一起探讨收获的感悟。

当你的现实抵不过你的自我设想时，倒不如痛痛快快地撕开伪装，认清现实，再通过脚踏实地的努力一步步去接近那个真正过得很好的自己，让自己真的过得很好。

如何让自己越来越好，很简单，不要为别人而活，只为自己去拼搏。

30岁活成什么样取决于你20岁怎么做

曾经有人给我写信，讲述了自己的困惑。

他在信上说，有人告诉他，年轻正是奋斗的时候，所以年轻人一定要让自己多吃苦；还有人说，青春只有一次，所以应该好好享受。对于这两种说法，他不知道应该听哪一种，所以写信来问问我的意见。

这封信的内容，让我想起我曾经遇见过的两个年轻人。

第一个年轻人叫林轩，是我见过最没有“斗志”的人了。我之所以这么说，是因为在他身上发生的几件事，以及他做出的几个选择。

毕业后的林轩好不容易才应聘上一家公司。与之前林轩期待进入的公司相比，这家公司规模特别小，十几个人不仅要窝在老板租的一个狭小的办公室里办公，而且公司的管理制度十分不完善，奖金如何发，完全是随心所欲，更别提什么福利了。同时，经过一段时间的工作接触，林轩认为老板是个什么都不懂的人，只会凑热闹和瞎指挥。总之，林轩完完全全看不上这家公司，之所以留在这家公司，不过是为了解决当前的温饱问题而已。

林轩常常在下班后抱怨自己工作的不愉快，在他眼里，生活中所有的不顺全部来自这份不顺心的工作。于是，上班浑水摸鱼、下班通宵打游戏成了林轩的日常。

“待在这家破公司里，人生根本就没有奋斗的必要了。”这是林轩常常挂在嘴边的口头禅。

我不禁想起了前一阵社会上流行的“丧文化”。所谓“丧文化”，就是现如今一批年轻人在现实生活中失去目标和希望，不思进取、颓废绝望。不管“丧文化”是如何流行起来的，它的确反映了当下许多年轻人的生活状态。

在我看来，林轩就是这种“丧文化”的典型代表。作为一个刚刚20出头的人，年纪轻轻就没有了奋斗的动力，每天最擅长的事情就是躺在床上消磨时间，“早上吃什么”“中午吃什么”“晚上吃什么”，如何解决这三个问题更是成为林轩一天生活的全部，甚至成为他人生最重要的三大哲学命题。久而久之，林轩竟然觉得这样的生活其实也不错，虽然没有什么福利，但好在事少、不用加班。

但是时间久了，问题便渐渐暴露出来了。

因为林轩对工作的消极对待，所以他负责的每一份工作都或多或少存在问题。一次两次，老板或许可以谅解，但如果长时间一直是这个问题，老板就不得不考虑林轩的态度问题了。

在经过多次调查后，老板发现林轩确实存在消极怠工的心理。于是，在年末的绩效考核中，林轩毫无悬念地获得了最低分，而后被公司劝退。

明明工作了一年多，但是因为林轩没有丝毫上进心，所以他并没有提升自己的能力。和别人“一跳槽工资就翻倍”的现象相反，林轩接不到一个猎头公司的邀请，只能重新投入人才市场，和刚毕业的年轻人一起竞争。

其实，这家公司并没有林轩想象的那般不堪，只是因为它没有达到林轩的预期水平，所以林轩便带着强烈的主观色彩来评判这家公司，用消极的怠工情绪来对待工作中的每一件事情。

我想，林轩足以代表社会上相当一部分年轻人。凭借主观印象对一家公司下评论，上班时马马虎虎、能拖就拖、能躲就躲，下班时间一到就飞一样地没了人影；他们仗着自己年轻，手握大把的青春，挥霍无度、不知珍惜。

会有“悬崖勒马”“回头是岸”这样的词，并不是偶然，而是多少人最切身的体验。然而，一部分20岁的年轻人不知其中的利害，等到30岁真正醒悟过来的时候，才惊觉为时已晚。因为他们最终获得的结果，大多和林轩一样。

我要说的第二个年轻人，就是林轩的同事白琦。

白琦和林轩是同时进入公司的。和林轩的毫不努力相反，白琦进入公司后，就像是一个充满好奇心的少年进入一家绚丽多彩的玩具城堡一般，对什么事情都有着试一试的冲动。刚开始进公司的时候，作为新人，白琦只能做一些打下手的工作。换作是旁人，肯定是应付几下了事，可是白琦有自己的梦想，他想要通过努力实现自我价值并获得更好的生活。所以，在对待每一样工作时，他都要投入自己的全部精力。

经过一段时间，白琦的努力、认真被老板看到，老板觉得白琦是一个靠谱的年轻人，于是逐渐把一些比较重要的谈判任务分派给白琦。

渐渐地，白琦学会了所有业务，弄懂了全部流程。同时，他还大胆提出了几条建议，帮助公司改进流程，提高了工作效率。才进公司一年多，白琦已经成为能够在工作中独当一面的人，深得老板的信任。

后来，公司搭上了互联网科技的末班车，逐渐发展壮大，新添了很多员工，搬了几次家，最后定居在全市最大的写字楼，站在办公室的巨大落地窗前，整个市区的面貌尽收眼底。而白琦作为公司的元老，薪资水平提升了一大截，还拥有了公司专门配给他的汽车。

白琦足够幸运，他能够在其他年轻人懵懂无知的时候，明白梦想力量强大、奋斗力量可贵之处，一次次向着更高的人生目标奋进，不怕山高水远，不怕困难重重。

白琦告诉我，如果林轩能够留在这家公司，一定也会过得很好。

我却不这么认为，林轩现在之所以过得不好，不是因为他没有留在这家公司，而是因为他自身的原因，那就是他不知梦想为何物，用最消极的方式浑噩地度过自己的人生。毕竟，种什么因，得什么果，这是妇孺皆知的道理。林轩的狼狈离开，就是他梦想缺失、消极态度、懒惰情绪种子结出的果。

有人说，20岁到30岁是一个人最应该奋斗的年纪，我深以为然。

30岁后，事多事杂。除了自己的事以外，我们还要花费一定的精力去处理各种各样乱七八糟的事情，此时我们就会分身乏术，很难抽出时间和精力来奋斗，也没有更多的机会来提升自己的能力。虽然有人常说“时间就像海绵里的水”，为了梦想就要奋不顾身，但是没时间纯粹是因为没有好好利用时间？为了梦想，就能丢弃所有？更何况，人成熟以后，思维、习性、时间管理等都会定性，加上生活压力干扰内心，力不从心，很难有年轻人那么灵活和有激情。

根据我的经验，那些在事业上小有所成的人，无一不是在年轻的时候吃尽了苦头。除了年龄和疾病，没有什么不需要通过梦想指引方向进而努力奋斗来获得的。年轻人想要获得一份体面的工作、一份可观的薪水，想要拥有赡养老人的能力，想要实现自己的人生价值，这些想要得到的东西不会从天而降，而要靠自己的双手来争取。

那么，为了自己的梦想，在20岁时，年轻人应该如何做才能在30岁时收获理想的生活？

首先要让自己拥有奋斗和居安思危的意识。很多年轻人在20多岁的时候迷失了自己，正是因为安逸的生活环境让他们忘记了竞争的滋味。无论在什么地方，尤其是职场环境里，优胜劣汰永远是第一法则。

时代更迭速度太快，如果不保持奋斗的意识，便会被时代淘汰。十年前的我们，无法想象网络购物是什么样子；三年前的我们，无法想象用手机可以叫到出租车；现在的我们，享受着身上不用带一分钱就可以逛遍城市的便利。对于这些日新月异的变化，我们需要保持持续学习的精神，只有持续学习，才能够让自己享受这些变化带给我们的便利。条件优越的时候努力，是为了持续；条件艰苦的时候努力，是为了进取。

其次，在职场中要学会保持持续学习的意识和精神。很多时候，新入职的年轻人的专业素质和业务能力几乎和公司里的前辈相差无几，除此之外，他们拥有最有利的武器，那就是年轻。职场中的竞争更加激烈，如果稍一不留神就会被“后浪”淘汰，成为公司发展的牺牲品。如果能保持持续学习的习惯，就能成为公司永远“有用”的一名员工，在持续为公司创造出价值的同时，不断提升自己的能力。

20岁，正是最有梦想、最应该奋斗的年纪，上天不会辜负每一个有梦想、努力奋斗的年轻人。只要有梦想、坚决奋斗，他终将会拥有一个美好的人生结局。

舒适区只是情感中的陷阱

有一阵，公司传出裁员的消息。尚未考证这个消息是真是假，就引起了公司里的一阵惶恐。每个人都担心自己成为被裁掉的一员，于是终日惶惶不安，没有办法安心工作，给工作带来了很大的麻烦。

随着消息越传越久，影响不断扩大。后来，公司不得不贴出公告，说明裁员一事纯属子虚乌有，大家这才安静下来，专心工作。

虽然消息是假的，但是也着实引起了人们心理上的波动。问题是，公司里的同事为什么会这么担心自己被裁掉呢?

通过观察，我发现了一个现象，在格外担心被裁员的同事中，绝大部分人在公司里只从事过一种或者两种岗位。也就是说，等熟悉手头上的工作之后，便不再学习什么新技能了。

的确，绝大部分工作，只要经过一段时间的学习和训练，再加上积累的经验，就能很快上手，完美地完成自己的任务。如果我们一直待在这个岗位上，做着一成不变的工作，就会觉得很舒服，不再需要掌握新的技能就可以胜任这个工作。

如果我们能够一直待在这家公司工作，能够一直在这个岗位上机械地做着几乎有着肌肉记忆的工作，是没什么问题的。可是，问题是我们无法保证我们能够在同一家公司的同一个岗位上待满20年、30年，甚至更久。

就如我在前文所提到的，公司一旦出现裁员的消息，公司的很多员工就会开始惶恐，生怕自己被炒了鱿鱼。因为他们在舒适区待久了，已经不具备任何竞争力了。一旦脱离熟悉的环境，他们就很难再找到新的、合适的工作了。

所谓的舒适，不过是安慰自己、麻痹自己的精神毒药。而舒适区，是让我们走向毁灭的陷阱。

待在舒适区里，是没脑子的人的做法。

我去银行办业务时，发现银行网点的人工柜台越来越少，甚至有的时候只有一个人在人工柜台值班。因为无论我来银行办什么业务，都能够在大堂经理的帮助下在自助柜台机上办理。

注意到这一点后，我不禁问一个在银行当网点主任的朋友。

朋友说："银行最近在搞'去人工化'，用通俗的语言来说，就是各式各样的机器越来越多，人工越来越少，各个银行都在向着这个趋势发展。"

那么，很显然的一个事实就是，银行已经不需要那么多柜员了。如果这些柜员们十几年如一日，只会坐在柜台后给客户办理业务，那么很可能会面临失去工作的危险。

朋友接着补充道："如果银行里有合适的岗位，自然会优先安排这些柜员。可是，有些老柜员仗着自己资历老，不肯学习新技能，甚至连新的办公软件都无法熟练运用。如何安排这些老柜员，真是一件令人头疼的事情。"

这些老柜员，就是常年在舒适区里待久了，不再学习新的技能，而马上就要被时代淘汰，以至于银行一出现小小的革新，就无法让自己适应这个变化。

我们的父母总是期望我们能找一份看起来非常稳定的工作。诚然，稳定的工作会让我们不需要再承受过大的工作压力，每天下班骑着自行车慢慢悠悠地回家，到了月底就可以舒舒服服地领取几千块钱的工资。父母为我们预估了未来20年安稳的生活，然而，他们却没有考虑到，我们在这个岗位上会不会有所成长，这个行业有没有发展前景。

而那些跳出舒适区，给自己找“不舒适”的人呢？他们刚进入一个陌生行业的时候，可能什么都不会，每天被前辈骂来骂去，每天在公司里吃着外卖改方案。可是，这却是最快速的成长方式，在经历了最初的不舒适之后，他们会以惊人的速度成长起来，成为这个行业的老手和顶尖，会有越来越大的发展空间。

待在舒适区的人永远认识不到自己的潜力有多少。我们不可能通过躺在沙发上看电视剧、坐在电脑前玩游戏来真正地了解自己，我们只能通过接受一次次的挑战来感受自己的强大。

真正有脑子的做法，就是让自己尽快脱离舒适区，去寻找一些让自己变得不那么舒服的事情来做。

人人称赞不畏严寒的菊花、凌寒傲雪的梅花，是因为这些植物愿意对抗风雨和大自然的恶劣条件；人们看不起温室里的花朵，是因为它们一直赖在舒适区里，从来没有经历过困苦和磨难。

就像是在滚一个越来越大的雪球，当我们开始尝试走出舒适区的时候，确实会感到十分艰难，而当我们迈出艰辛的第一步的时候，接下来的路就会越来越顺畅，我们的步伐也会越来越轻快。当我们有一天突然回首过往的时候，才惊觉自己已经走了这么远的路，而且自己已经成长得如此优秀。

你还打算留在自己的舒适区里，慢慢变得一事无成吗？不得不说，被舒适区绑架的人，最终只能变得满身是刺，刺痛自己，也会刺痛别人。

最好的社会化，是涉“慧”

对于刚刚毕业即将踏入社会或者已经成为社会人的年轻人来说，需要做的第一个功课，就是如何尽快地适应这个社会，让自己成为“社会化动物”。

当我们刚刚踏进社会的时候，如果天真地要求社会来适应我们，那么就会遇见各种各样的麻烦，生活得十分痛苦。

人是社会性动物，没有人能够真正脱离社会生存。即使是内向、不爱交际，甚至是可以形容为与世无争的人，都不可避免地要与社会接触，只是融入社会的深入程度不同而已。

有的人单纯地认为，融入社会，就是和身边的朋友、同事搞好关系，多请客吃饭就可以了。请朋友、同事吃饭固然可以拉近彼此的距离，但是和他们拉近关系，并不代表着自己真正融入了这个社会。

在我看来，想要融入社会，和身边的人形成良好的人际关系，需要的是智慧。

我的一个朋友杨可，在创业的时候遇到了瓶颈期，希望寻找一位合作伙伴来对他的项目进行投资。经过几番寻找和筛选，杨可锁定了目标人物，在同一领域中的知名投资人谢老师。

选定了投资人，事情却依旧难办。我的朋友杨可和这位赫赫有名的谢老师素昧平生，从来没有见过面。而且，据相识的人介绍，平常人是很难约到谢老师的。

可是，即使再棘手，事情也是要办的。最初，杨可用了常规的办法，就是去公司约见，可是约了几次都没有回应。后来，杨可又找了中间人来牵线，人虽然见到了，可是依旧没有什么好的效果。

事情越拖越久，眼看着就要办不成了，杨可急得直上火，嘴上起了好几个泡。后来，他冥思苦想，决定换一种方式交往。

恰逢市里面有一个当地企业家的酒会，杨可确定了谢老师也会来参加后，要到了邀请函，也来参加这个酒会。

在酒会上，杨可见到了谢老师。可是，杨可并不像别人那样，急不可耐地向谢老师推荐自己的项目，而是和他聊起了家常。

杨可说："最近我刚搬家，为家里的装修弄得头疼，选了好几个设计方案，可是总觉得哪里有不尽如人意的地方。"

周围的人立刻分享起自己的装修经验，并热情地为杨可推荐了几个不错的设计工作室。

谢老师在一旁静静地听了一会儿，突然插了一句："你们推荐的这几家设计工作室是不错，可是却没有我推荐的好。"

众人一听，立马来了兴趣，问道："那你有什么好的推荐吗？"

这时，谢老师一脸得意地说："我要推荐的，是我本人。"

原来，谢老师对室内设计有极浓的兴趣，自学了不少专业知识，可以说颇有一番心得，但是他却一直苦于没有机会卖弄。而杨可只需要抛出这个引子，就可以等着谢老师来接了。

杨可顺势问道："不知道能不能请教一下你呢？"

谢老师说："当然可以，你的房子在哪里？我们现在就可以过去。"

于是，杨可表示感谢，并和谢老师一起提前离开了酒会。

经过这件事后，杨可和谢老师的关系突飞猛进，他们还发现了各种各样的共同兴趣。两个人经常在周末的时候一起去郊外钓鱼、看足球比赛、去体育馆打网球，俨然是一对关系熟稔的老朋友。

毫无疑问，在谢老师的帮助下，杨可的项目获得了可观的投资，顺利地进行了下去，并且在不久之后大获成功。

按照常规的思维，如果想和一个人搞好关系，通常的做法是向那个人提供帮助。可是面对谢老师这样一个人人都想与之交好的人，常规的做法显然是完全没有用的。于是，杨可一反常态，请求谢老师帮助自己，反而和他结成了关系亲密的朋友，获得了良好的效果。

我们都知道，人是有很多种需求的。有的时候，我们需要来自他人的帮助；有的时候，我们需要通过帮助他人来获得他人对自己的认同和尊重。很显然，根据杨可的观察，谢老师在现阶段暂时不需要来自他人的帮助。于是，杨可另辟蹊径，向谢老师请求帮助，并且，请求的内容是谢老师最感兴趣却一直没有机会展示的一个领域。杨可的做法，首先是把谢老师拉到了和自己平等的地位，并且轻易地让谢老师获得了被认可的感觉。

杨可的成功，告诉了我们一个道理，如果想要顺利地在社会中与人交往，是需要智慧的。我们不能单纯地认为和人搞好关系只需要请客吃饭，让每个人喝酒喝得面红耳赤、勾肩搭背，或者是邀请他们去KTV里面唱歌到通宵。可以说，这是不理智、没脑子的方法和途径。因为，通过这些方式结交来的朋友绝大多数是酒肉朋友，并不会给自己带来多大帮助，朋友间的友谊也像玻璃一样易碎。

每个人都希望拥有良好的人际关系，希望获得较广的人脉资源。需要注意的是，想要快速地融入社会，结识几个真正的朋友，就需要用到头脑和智慧。

以开放的心态面对身边的每一个人，积极地融入他们的生活，学会和他们换位思考，这些智慧都可以帮助我们更好地被社会接纳。

把追求和理想置于生存期之后

小时候，每个人都被父母、老师询问过自己的理想是什么，那时年龄还小，很多人只会人云亦云地跟着回答说自己想当老师、医生、警察。

后来，随着我们对世界认识的逐步深入，有了各自真正的理想，甚至每个人都有了自己的梦想，更多的人想在自己喜欢的领域取得一番辉煌的成就。

但是，又有谁的理想真正实现了呢？退一步讲，又有几个人能够从事自己真正喜欢的行业呢？

当我们逐渐长大，在社会上摸爬滚打一段时间后，再回首看自己曾经的理想，却发现我们与理想走得越来越远。

前一阵儿，有个朋友找到我，说自己家的孩子不想去学校读书，一心只想玩乐器。高中时，班里的其他同学留在教室上晚自习，这个孩子就背着自己的吉他，跟着他的老师学吉他，或者去酒吧里面表演，据说一个小时有300块钱的酬劳。

可是，家里面哪里指望他挣钱呢？朋友说，他现在最想做的事情就是把孩子绑回学校，安安心心地读书。

有一次，在上课期间，这个孩子跑出了学校。谁都不知道他去了哪里，包括他的父母。当时，惊得班主任老师和教导主任花费了大量的精力和时间来寻找。后来才了解到，这个孩子骑着自己的山地车跑到了隔壁市，因为父母强烈反对他继续弹吉他。

这个孩子自认为弹吉他就是他的梦想。

当他的父亲问他“靠吉他能吃饭吗”的问题时，孩子倔强地点点头，回答道：“能。”

他还说：“我就想成为贝多芬那样优秀的音乐家。晚年的贝多芬在耳聋的条件下，仍然能‘扼住命运的喉咙’，坚持音乐创作。所以，我肯定也能克服一切困难，坚定地走自己的路，说不定世界上会有一个中国版贝多芬。”

当然，有远大的理想，这是一件好事。人活着，必须要有高远的目标和追求，不能只安于现状。但是，当这个孩子天真地认为他真的能单纯地靠玩乐器获得较好的物质生活时，虽然我为他追求理想的勇气而鼓掌，却也知道他涉世未深，没经受过现实的打击。

曾经的我也是一名热血青年，喜欢在业余的时候写一篇小文，或者是撰一首小诗。说实话，在大学校园里，这样的文艺青年很招女孩子的青睐。我曾为自己能够在校报上发表文章而感到自豪，并且沉迷于写文章，有点荒废学业。

甚至，我一度有成为作家的想法，想靠自己的笔杆子赚钱。可是，我的语文老师却点醒了我。他把一些作家的稿费标准拿给我看，并且告诉我，只有最知名、最顶尖的作家才能名利双收，通过写作来提高自己的生活水平。可是，要成为这些作家除了实力，更有运气成分，这对于普通人来说，实在是太难了。

为此，我不得不放弃了自己的写作梦，重新拾起了荒废已久的学业。当时我的想法很简单，如果没有解决好生存问题，怎么能够全力以赴去追求自己的理想呢？现实的情况是，我需要学习掌握一项技能，然后用这项技能满足我的温饱。很显然，文学创作并不能在短期内解决我的温饱问题。

在我看来，如果为了追求自己的理想，就不顾现实，是非常没有脑子的行为。当理想和现实碰撞的时候，要把追求和理想置于生存期之后。如果我们面临的现实真的很残酷，那么我们就应该痛快一点，把理想放在一边，让我们的理想为现实让路。

很多刚大学毕业的年轻人，怀着对未来的憧憬和美好想象，以满怀的热情和激情投入社会的怀抱。但是，残酷的现实必然会给这些理想主义的年轻人一些打击。找到的工作不是自己喜欢的，公司的前辈看起来十分冷漠，无法承担高昂的房租和生活费……这些残酷的事实让年轻人幡然醒悟——和残酷的现实比起来，自己当初的那点理想和追求又算得了什么呢？

如果没有现实，所有的理想只会变成空想。

其实，在有些环境下，理想和现实并非是水火不容、完全对立的，在很多时候，理想和现实是可以统一起来的。有的人把自己的兴趣爱好利用得当，转化成赚钱的方法。这样一来，他既可以实现自己的理想，又可以在现实里过得很好。

比如那个想着离家出走的小伙子，后来他听从了父母的建议，暂时放下了吉他，全力以赴准备高考。从此以后，小伙子每天起早贪黑，勤奋刻苦，一直坚持到了高考结束。最终，他如愿考进了理想的大学。

在大学里，小伙子又捡起了昔日陪伴他成长的吉他，并且在大学校园里结交了许多志同道合的朋友。他们组建了一支乐队，每周都在校园咖啡厅里登台演出，玩得有声有色。

理想和现实之间的关系是矛盾的，也是相辅相成的。如果处理得当，那么理想和现实就会成为一对好兄弟，让我们生活得更加幸福和快乐；如果处理不当，就会给我们带来各种各样的麻烦。

如果我们尚未遇见残酷的现实，那么大可以全力以赴地追求理想。可是，如果当我们面对残酷的现实时，那么请记住，一定要把追求和理想置于我们的生存期之后。

Part 4

你足够拼搏，终会遇贵人

取消掉无意义的社交活动，远离那个只是看起来很庞大的朋友圈，然后把自己的精力全部投入到值得结交的人身上。更关键的是你能取得发展和真正的成绩。

那些毁掉你三观的是人不是事

公司里有个姑娘叫小虞，特别爱吃水果。她经常在家里把水果洗干净切好，放在保鲜盒里，带到公司和大家分享。同事王青坐在小虞隔壁，所以，王青每次都有幸第一个品尝，并且几乎次次不落。

在众多水果中，小虞尤其喜欢西瓜。

有时，她会带来四分之一个切开的西瓜，鲜红色的瓜瓤配上丰富的汁水，看上去令人食欲大动。尤其是把西瓜放在冰箱里冷藏一个小时后，清甜的西瓜伴着丝丝沁人心脾的凉意，简直是炎炎夏日的消暑圣品。

正巧王青也格外喜欢，于是小虞每次招呼同事们一起分享时，两个姑娘的脑袋就会碰在一起，你吃一口我吃一口，倒也其乐融融。

有一天，偏偏出了些小问题。我从外面开会回来，发现小虞不在座位上，王青则坐在座位上“噼里啪啦”地敲着键盘，好像是在和谁赌气。

经过了解，我才知道两人之间出了点矛盾。原来，小虞像往常一样，带了西瓜来公司。她把西瓜放在座位上之后就去忙别的事情了，王青就很自然地把西瓜拿过来吃，并且吃掉了中间最甜的部分。小虞回来看到后很是生气，像只奓了毛的猫一样，和王青吵了起来。

王青认为这件事简直不值一提，她说：“平时小虞带了水果，我们两个也是这样吃，为什么她今天这么生气呢？如果不让别人吃，早点说明白不就好了。偏偏装作很大方的样子，真是自私。”

小虞也很生气，说：“到底是你自私还是我自私？你没经过我的同意，随意乱动我的私人物品，就是不对。这是原则问题。”

王青说小虞伪善和自私，小虞认为王青不懂礼貌。整整一个下午，她们都没有说过话。我哭笑不得，两个姑娘因为一口西瓜而置气这么久，实在是太小孩子气了，令人无法理解。

从此以后，两个人再也不像以往连体婴儿般亲密了，除非是工作上的需要，否则不会说一句话。小虞也渐渐不带水果了，两人的关系越来越远。

我曾想把两人叫到一起，面对面把话说清楚，消除误会，并且希望借此能使两个姑娘重归于好。同事老杨却劝我说：“这件事根本没有那么简单。两人的矛盾很早就存在了，她们当然不可能因为一点水果就直接翻脸。你还是别自作主张插手这件事了。”

看着老杨如此有表达欲，我示意老杨继续给我讲讲这件事的来龙去脉。

从老杨那里，我了解到，小虞和王青是同一期入职的。因为同是新人，两个人的关系自然十分亲密，甚至到了无话不说的程度，而且，两个人无论去哪里都喜欢互相叫上对方。

有一次，经理同时给小虞和王青交代了任务，王青因为完成得特别好而受到了表扬，甚至缩短了一个月的实习期。后来，经过一段时间，经理才发现，原来那次的创意是小虞想出来的，小虞在和王青讨论工作的时候把自己的想法说了出来，两个人一起完善了细节。可是，王青却独吞了创意成果。

因为珍惜来之不易的友谊，小虞只是质问王青为什么抄袭自己的创意，没有将此事汇报给上级。她希望能给王青一次机会，并且让王青明白，如果王青不再偷自己的劳动成果，那么她和王青还是好朋友。

虽然两个人私下以协商的形式解决了，但是很显然，这件事如同一根刺一样梗在两个人之间。即使两个人有意地不再提起，但它始终会扎在人的心里，令人隐隐作痛。一旦发生新的不愉快，这件事便会重新暴露在两人面前。

就像费尽心思地去掩埋废旧垃圾，无论坑挖得多大，埋得多深，它依旧存在着，甚至会以更加丑陋和令人厌恶的形态重新出现。

由此看来，“西瓜”事件只是个导火索而已。

这让我也联想到了另外一件事。王青平时还喜欢向小虞借公交卡，坐公交车的时候就不用准备零钱了。有一次周五，王青惯常向小虞借公交卡，不料小虞说自己这周末出门要用，而更让人意想不到的是，王青脱口而出道：“那你不会打车吗？”

王青的话刚一说出来，整个办公室陷入了一种诡异的静寂。

老杨跟我说："说实话，当时我都替王青感到尴尬。这简直刷新我的三观。"

看来，王青把来自朋友、同事的帮助都看作理所当然的事情了。

利己主义的人，只会考虑自己，而不会考虑别人。所以，在王青看来，自己的所作所为根本没有任何问题，反倒是周围人的反应有些小题大做，令她无法理解。

事实上，王青在与人相处的认知上存在偏差，难怪她说的话做的事让人大跌眼镜。

我们身边总能见到各种各样的"奇葩"事件，挑战人们的"三观"底线。其实，归根到底，正是由于这个世界上存在"奇葩"的人，才会发生这么多"奇葩"的事情。

小虞有一句话说得特别好："我生气的理由当然不可能是因为一块西瓜，我生气是因为你一直把别人的东西理所应当地当成自己的。"

把别人的水果当成自己的，拿来别人的创意当作自己的……王青之所以做这么多"毁三观"的事，不就是因为王青本身就是一个"毁三观"的人吗？

如果细心观察，我们就会发现，原来我们身边有数都数不清的“王青们”，他们的言行很难不令人大开眼界。他们活在自己幻想的世界里，从来没有清醒地看一眼现实。如果“王青们”能够跳出自己已经构建好的认知系统，用理性的头脑重新审视人与人的相处之道，那么他们肯定会明白，自己是多么让别人感到“三观尽毁”。

唯有淡出圈子，才能谈“谊”字

“谊”，多指友谊，即朋友之间的情谊。

每个人在自己的成长过程中，都会认识几个朋友，形成自己的朋友圈子。在和朋友的交往中，既可以邀二三知己“晚来天欲雪，能饮一杯无”，也可以去参加聚会和一众好友吃吃喝喝、开怀畅饮。

当然，交友方式不同，交来的朋友自然也不同。能够陪你独酌、耐心听你抱怨的，是推心置腹、亲密无间的知心朋友；在饭桌上碰过杯、加了联系方式只偶尔联系的，是萍水相逢的朋友；职场上认识的朋友，可以算作工作上的伙伴。

有人喜欢参加聚会，希望借此广交朋友；有人觉得一个朋友就够了，只对这一个朋友真心相与。

其实，真正的朋友、真正的友谊，并不来自你认识人的数量，而是来自你对待朋友的态度。学会淡出广阔的朋友圈，用心去结交几个好友，你才能收获真正的友谊。

大发和我相识，缘于一场交通事故。

正所谓“不打不相识”，刚学会开车的我站在马路牙子上，呆愣愣看着自己的“杰作”：倒车时把旁边车剐掉了一大块漆。车上下来一个大汉，身材魁梧、面目凶煞，看了一眼自己的爱车，就掏出手机打电话，顺便抽空瞪了我好几眼。

我吓得六神无主，大哥这是要叫人来处理我啊。

大哥突然开口，对我说：“愣啥呀？赶紧打电话叫保险公司啊。”

我这才回过神来，赶紧打电话报备。

事情解决，大哥说：“咱俩这么有缘，走，请你喝酒。”

就这样，我和大发成了朋友。

大发是东北人，一米八的个子，长得凶神恶煞，墨镜和链子是标配。不过这都只是外表，他其实是一个很和气的人。

可能是喜欢热闹的场景，大发对我做得最多的事，就是打电话喊我出来喝酒。一开始，我以为就我们两个人。慢慢地，我才知道，大发喜欢攒各种各样的酒局，每次都是十几个人坐在一个桌子上。有认识的，也有不认识的。

“多个朋友多条路。”这是大发的口头禅。

我的心里虽不敢苟同，但是一直没有出声提醒。这是大发的交友方式，我又何必干涉呢?

有一天半夜，我接到大发电话。

“借我点钱吧。”

我直觉认为大发出事了，赶忙问：“出什么事了？”

大发的父亲身体一直不太好，这次病发住院，急需手术。我二话没说，把手头上的三万块钱打了过去。我告诉他：“你先用着，不够再要。”

我仍然不放心，打电话问了地址，开车赶去了医院。

匆忙赶到医院，大发的大块头在医院走廊的椅子上蜷缩成小小一团。看到我，他的眼圈瞬间红了，声音颤抖着跟我说：“兄弟，没想到我一个电话，你二话不说就赶过来了。”

我安慰他不要慌乱，现在最重要的是把父亲的手术安排好，其他的一切有我。

借钱是最能体现友谊质量的一件事。借钱的人难开口，怕原本单纯的友谊染上金钱关系，变得不纯洁，怕自己的要求给朋友带来麻烦。被借的人不想惹麻烦，可能要从定期存单取钱，从信用卡套现，放弃涨势大好的基金股票，而把钱借给朋友。更重要的是，借钱给朋友之后，不知道如何开口要回来。

肯把钱借给你的朋友，一定是克服了这些麻烦。在他心里，你是更重要的，他想为你付出，他想你好。

真正的朋友，不是要他为我们倾囊相助，更不是要他为我们两肋插刀，而是在我们最苦难的时候，帮助我们走出困境，同心共济，始终如一。

大发说，他那天打了十几个电话，有的人装作自己在外地，有的人找各种理由搪塞。只有我，不仅立刻打钱过来，还亲自开车过来看他。

我自认为并不是多高尚，而是做了身为一个朋友应该做的事情。

其实，不能绝对化地说酒桌上喝来的朋友靠不住，但是，如果要看一个人会不会结交朋友，不是单看数量的，而应该看交友的质量。一个人的精力是有限的，如果把自己的精力分散成很多份，均摊给每个朋友，那么这样结交来的朋友必然不会百分百真心对你。

与其这样，倒不如少认识几个人。用自己的真心，去换两三个朋友真挚的友谊。

我劝大发道：“不要胡乱交友了，没有必要。远离你那个圈子，筛选出几个靠谱的朋友就够了。”

大发点点头，说自己知道了。

想来经过此事，大发不会再一股子热血、没头没脑地认识新朋友了，而是会仔细考虑、评判这个人是否值得深交。

在逐年的社会交往中，我们会在这个过程中积累出自己的朋友圈子。这个朋友圈，可大可小，圈子里的人，可近可远。但是，无论是谁的朋友圈，都有一个共同的特点，圈子中有许多无意义的朋友。我们会花费一些时间、金钱和精力来进行一些无意义的社交，但是我们却不能从这些社交中得到些什么。

与其浪费自己的精力，不如把精力节省下来，取消掉无意义的社交活动，远离那个只是看起来很庞大的朋友圈，然后把自己的精力全部投入到值得结交的人身上。

理性交友，你才会收获真正的友谊。

远离精神枯竭的朋友

我们身边总是有这样的朋友：当你兴奋地向他谈论最近热映的电影、流行的文化、公司附近好吃的餐厅时，他总是提不起兴趣；当你邀请他一起去试试的时候，他总是会搪塞你："下次吧，这次有事。"他仿佛对一切都提不起兴趣来，丧失了热爱生活的能力。

这样的朋友，被称为"精神枯竭"的朋友，他可能是你的发小，可能是你的闺蜜，也可能是职场上对你多有提点的前辈。总之，是和自己关系密切的朋友。

一个精神枯竭的朋友，会对你的生活造成极大的负面影响。

当你们讨论起工作，你告诉他你的项目有了突破性进展，马上会有一个漂亮的收尾时，他会说：“得了吧，工作而已，混口饭吃。哪来那么多荣誉感？”

当你们讨论最近上映的电影，男女主角不仅颜值高，演技也在线，剧本也合理时，他会说：“一部电影而已，打发时间的。”

当你告诉他城区里新开了一家好吃的餐厅，想和他一起去尝尝时，他会说：“再好吃能有多好吃。”

他们仿佛对一切五光十色的世界提不起精神来，没有“精神气儿”，一副疲惫不堪的样子，漠然地存活在这个世界上。他会感染你，让你迷失在这种精神枯竭中，你会负能量爆棚，让你也觉得生活索然无味，更有甚者，会腐蚀和侵害你的热情和希望。

大三时候，我有个哥们决定考研。当时我们所在的本科不是特别好的学校，所学专业在这所学校里又属于边缘学科。即使是在这样的环境里，哥们的成绩在班级里也是吊车尾。所以，当他决定考研的时候，我虽然有些意外，但还是支持他这一决定。为了帮他节省时间，我找了很多辅导资料给他，偶尔会拿一些洗好的水果去自习室给他送过去，希望他能够安心复习，争取考上研究生。

有一次，我去给他送资料的时候，他突然告诉我不想考了。我问为什么，他说，寝室里面有一个跟他关系很好的同学，在得知他要考研后，恨不得每天浇一盆冷水，说他本科成绩不好，没优势，考不上。

“我是不是真的很差劲，是不是真的考不上？”

那是我第一次从他的眼中看到一种名为“自卑”的情绪，一向自信开朗的他竟然开始怀疑自己。

我有些心疼，问他：“你自己觉得呢？”

“我做了很多功课之后才决定考研的，我不是三分钟热度的人。我下了很大决心告诉自己要破釜沉舟一把，可是……”他苦笑。

我劝他继续坚持，至于寝室的那个同学，远离就是。

精神枯竭的人，每天得过且过，浑浑噩噩地生活，不仅自己磨光了生活的乐趣和向往，就连身边人的努力也想磨灭掉。

很多人说，和什么样的人在一起，就会拥有什么样的人生。虽然这句话有些偏激，但是很多时候，你身边的朋友什么样，你看这个世界便是什么样。如果你身边有太多固执、消沉、无趣、不思进取的人，他们极度缺乏安全感、焦虑、紧张、惶惶不安，那么你慢慢也会变得消极、懒惰，甚至失去生活的乐趣。

精神枯竭的人，会不断告诉你生活的苦难与艰辛，而正能量的人，则会在告诉你这些苦难之后，依旧可以通过努力去改变现状。

哥们听了我的劝告，换了一个全是“考研党”的寝室。他接触的人变成了目标明确、积极进取的室友。在他们的带动下，哥们复习得越来越顺利。

“即使辛苦，也干劲十足。”最近一次去看他时，他这么跟我说道。

如果你想让自己的生活充满激情，那么只需要找到能给你带来正能量的一群人，成为他们的朋友。

他们精神饱满，整个人有一种昂扬向上的精神；他们谈吐不俗、博闻强记，大到国家和社会，小至个人和家庭，好像每一点都是他们擅长的领域，你可以和他们侃侃而谈而不必担心兴趣黑洞；你可以和他们一起去远足登山而不抱怨路途遥远、身体疲惫，也可以和他们一起窝在家里看一天的肥皂剧，嘴里嚼着零食哈哈大笑；他们会说：“好啊”“听起来蛮有趣的”“我们去试试吧”，你从不会听到他们说，“不行”“没意思”“算了吧”。

你们对于未知的世界有着同样的好奇，渴望尝试新鲜事物、渴望挑战而不惧怕失败和挫折；你们一定会互相拍拍跌倒时沾在衣服上的尘土，鼓励彼此重新来过。你会发现世界很大、很美好，恨不得一天有48个小时来享受生活的乐趣。

如果你也想变得优秀，把积极乐观的情绪传染给身边的人，成为一个心中有光有热的人，那么就请远离身边精神枯竭的朋友，确保他们无法在情绪上影响到你。

同时，努力做一个有趣的人，成为身边人精神上的小太阳，你将会获得一种不一样的人生体验。

朋友圈决定了下班后的人生

上班时，我们被各种各样的工作占据自己的时间，周旋于老板、同事之间，努力去完成工作目标。下班后，我们可以重新掌握自己的时间，做回真正的自己。

下班后的人生才是自己的人生。而我们在下班后遇见了什么样的人，则决定了我们下班后的人生是什么样的。

早上，我很早便到了公司，本以为自己是这层办公楼来得最早的人，却发现，隔壁公司的办公室总是早早地亮起了灯，一个长相精神的小伙子正在打扫卫生。

出于好奇，我问他为什么每天来这么早，他说：“我喜欢锻炼身体，所以每天用爬楼梯代替乘电梯。来早了又没有事做，就义务劳动一下，给同事一个舒服的工作环境。”说着话，他伸了个懒腰：“上班久坐真是太委屈身体了，多活动活动比较好。”

不仅如此，他还鼓动我加入他：“试一下，你会爱上这种新的生活方式。”

之后，每天早上的楼梯间，便多了一个人。遇到那个小伙子时，他冲我会心一笑，意思是，这是独属于我们两个人之间的心领神会。

后来，我又发现了小伙子的一个秘密。当别的同事在午休间隙看剧刷微博时，他则拿着Kindle躲到角落里看书。他说，这是他从他的朋友那里学来的，这样可以在空闲的时间多补充一点新知识，是一个提升自己的好方法。

有时加班回家，我会在楼道偶遇住在隔壁的邻居。他一身运动装，额上淌着晶莹的汗水，明显是刚刚锻炼过。

“你每天这么晚去运动呀？”

“对呀，我刚夜跑回来。最近网络上夜跑特别火，据说夜跑可以缓解失眠，我想试试。”

听他说完，我暗中扶了一下自己过度劳损而疼痛向我无声抗议的腰。每天下班后窝在公寓里的自己，真是太不健康了。

“夜跑对身体素质有什么要求吗？”我问他。

邻居说：“如果没有运动的习惯，可以用快走代替跑步。等身体适应之后，再慢慢跑起来。”

“怎么样？”他用手肘碰了碰我，“夜跑不仅可以缓解失眠、提高身体的免疫力，还会提高你的专注力，让你白天更加精力充沛。加入我们夜跑的行列吧，感受不一样的生活体验。”说这话时，邻居的眼睛亮晶晶的，看来从夜跑中受益颇多。

反正晚上也没事做，不如一起去试试。抱着这样的心态，我开始尝试夜跑。从一开始的一周两次，到如今的一周四次或五次。

慢慢地，我觉得自己的精力越来越好，工作时不会轻易感到疲惫，和之前那个下班后萎靡不振的自己形成了鲜明对比。

这些变化，是一点一滴积累来的，又何尝不是下班后的朋友圈所决定的呢？

隔壁公司的小伙和我的邻居，他们都有一个共同点，那就是拥有对生活的热爱。无论他们白天上班时会遇到什么样的工作、难题和不顺心的事情，一旦下班，他们便选择一种乐观、积极的生活方式，过回自己的人生。

我则是在他们的感染下，模仿他们的生活方式，逐渐形成了自己的生活方式。自律、高效的执行力，和对生活像打了鸡血一样的热情，正是我从他们两个人身上学到的东西，也是我目前迫切需要的东西。

每个人都想把自己变得更好，看到能够激励自己斗志的文章便保存下来，看到教程便随手转发收藏，写上“之后看”的备注。但是，懒惰和拖延症像两座大山一样，横亘在我们变得更好的路上。看完文章之后立刻回归到以往的生活状态，收藏的教程视频从来没有返回来仔细看过，整个人陷入一种所谓的“间歇性踌躇满志，持续性混吃等死”状态。

我身边的这两个人，恰好教会了我如何翻越这两座大山，如何克服不良的生活状态，让自己变得越来越优秀。我下班后的人生，正是取决于身边的这两个人。

遇到他们之前，我下班后的私人生活过得一团糟，宝贵的时间全部被无意义地挥霍掉了，我的内心时刻被虚度光阴的愧疚感和不想改变的纠结心理折磨着，焦躁且堕落。遇到他们之后，我才真正开始学会安排自己少之又少的私人时间，开始学会体验真正有意义的人生。而这时的我，是充实且快乐的。

人是社交动物，每个人都有自己的朋友圈。但我们也不妨扪心自问，下班后的时间，又是和什么样的朋友一起度过的?

你想要过什么样的人生，就要用理性的头脑去筛选自己的朋友圈：如果你的朋友除了工作就是沉迷于泡吧、喝酒、饭局，那么你也会逐渐沉溺于此，你从朋友身上得来的只能是虚幻的快乐，对你自身而言并没有什么益处；反之，想要积累人生经验，就要和阅历丰富的人交流；想要变得勤奋，就要和每天努力工作学习的人在一起。

所以，想要过什么样的人生，就要让什么样的人进入你的朋友圈。

朋友走一生，过去的日子不再有

人生的旅途中，我们会遇见许许多多的人。这些人中，有能够陪伴我们走一段路程的人，也有能够陪伴我们走完全程的人。

我拥有过很多朋友，饭局上的酒肉朋友、工作原因结交的工作伙伴……这些朋友会随着时间的推移逐渐消失在我的人生轨迹里，连带他们留给我的记忆也消失不见。可是有一个朋友，我怎么也忘不掉。

我和小池可谓渊源颇深。

初中时，我们两个人在一个班。身为学习委员的他经常追着我这个后进分子跑。“交作业。”他总是把手掌摊开，伸向我。我则大咧咧地把手背在身后，看着他，说：“没写，不交。”可是他一直追着我要作业，我烦不胜烦，简直想把他揍一顿了事。

我和他之间的梁子，就是因为交作业结下的。但是，这个梁子，去得也快。

有一次，上完体育课，班里一个女生说自己的钱丢了，那可是她全部的生活费。因为是在教室丢的，所以唯一没有去上体育课的我被当作头号嫌疑人。班里的同学指着我，大喊大叫：“小偷，赶快把钱交出来。”

没有做过的事，当然不能承认。我梗着脖子，说自己没有偷钱。可是，没有一个人相信我。事情闹到班主任老师那里，班主任也勒令我赶紧还钱，不然就叫家长来还钱。我根本不知道拿什么去还。

老师的眼神透过镜片射在我的脸上，当时的我只是个半大的孩子，哪里见过这种阵势，心里委屈到了极点。

正当我孤立无援时，小池站了起来，说：“他不是小偷，我可以作证。”

“因为要帮老师记录成绩，所以这节体育课我也在教室里，我可以证明。”

那天，阳光照在他小小的身板上。一瞬间，我以为他是会发光的。

多年后，同学相聚，我多喝了几杯，搂着同样喝得醉醺醺的小池，我说：“你明明去上了体育课，怎么还敢站起来替我担保？万一我真的偷钱了呢？”

脸红红的他笑得很腼腆，说：“我知道，你不是那样的人。”

因为小池对我无条件的信任，从那以后，我俩的友谊像坐上了火箭一样飞速发展。

他依然每天追着我要我交作业，我依然是令他头疼不已的作业困难户。不同的是，小池开始耐心教我做题，在我背不出《出师表》的时候一遍一遍带着我背，直到我背出来为止；在我算不出几何题的时候使出浑身解数给我讲解，恨不得用锯子锯一个模型给我演示。而我，逐渐开始主动交作业，也开始在课上认真听讲。

小池是个粗心的人，当他忘了从家里带午饭的时候，我便把饭盒推过去，和他分享。他会故意抢我正在吃的馒头，明明是好好的一块馒头，却偏偏两头都有牙齿印。

“嘿，我的馒头上有你的牙印。”我说。

这时，小池便得意得摇头晃脑，好像抢我的馒头是一件多了不起的事情。我嫌弃地甩甩手，把剩下的馒头塞进他的嘴里。

高中、大学、工作……我们约定好，无论过多少年，我们都是最好的朋友。但是，随着时间的推移，我们原本重合的人生轨迹离得越来越远。即使每到固定的时间便打一通电话，但是因为圈子越来越多，我们的通话时间也越来越短。渐渐地，我和他的联系越来越少。正如一句歌词说的那样：“人在风中，聚散不由你我。”

无论怎样，在我心里，小池依然占据最重要的朋友的位置，他是我想用一辈子用心去结交的好朋友。尤其是工作以后，我不得不因为利益关系而结交了各式各样的“朋友”。对比之下，小池和我的友谊愈加显得弥足珍贵。

人生在世，每个人都需要朋友。能够陪你走完人生路的，称得上是挚友；懂你的，陪你喝酒消愁的，是知己。泛泛之交可有可无，而挚友知己必得一二。

朋友，是小池对我的无条件信任，是我和他分享食物时的亲密无间，是他为了帮我买房而推迟自己买房计划时的给予。每当看到“最好的朋友”这种字眼时，我总是第一反应想到小池。仿佛他一直陪伴在我的身边，从没离开过。

每个人的记忆长河中，总会有一两个如小池一般的知己朋友。他们像星星一样璀璨，闪烁着耀眼的光芒，照亮你前行的路；却又在你披荆斩棘、走向天光乍破的黎明的时候，悄无声息地消失在漫漫银河中。

而星星滑落时的痕迹是无法抹灭的，小池留给我的回忆，足够令我回味一生。

有人说，人生的一大苦难是无法在世上得一知己朋友。我很庆幸，在我的人生历程中，遇见了小池这样的朋友。

我坚信，当我们某一天在街角重逢的时候，我依然可以像昨天刚见过面那样，熟稔地拍拍他的肩膀，问他："嘿，小池，还记得留在我馒头上的牙印吗？"

偶遇背叛，不是必然的伤害

真正的朋友，是我们除了血缘关系外，最值得信任的人。

我们可以和他们坐在一起，敞开心扉，吐槽自己的老板、同事，以及一切不顺心的事情；我们也可以在自己遇到困难时，向他们请求帮助。

但是，如果交友不慎，就会遇到各种各样的麻烦。在你陷入困境时不肯帮你倒是可以理解。更严重的是，一不小心，你会遭受来自朋友的背叛。

朋友的背叛，比小人的作恶更加令人难以接受。正常情况下，你不会时刻小心地去防范你的好朋友，你也从来没有做过“朋友背叛你”这件事的心理准备。在你的内心里，朋友是和你关系最好的人，他永远不会背叛你。

可是，不可否认的是，每个人都有趋利避害的心理。当交易筹码足够多的时候，来自朋友的背叛很容易便会发生。

我的好朋友大奕便经历过来自朋友的背叛。即使过去了很多年，每当他和我提起这件事时，心情总是无法平静下来。

大奕和欢欢的相识源于他们各自的父母。两个人的父母是多年的老朋友，经常互相去家里做客。久而久之，他们的关系也越来越好。每当得知欢欢要和父母来家里做客时，大奕便欢呼雀跃，甚至在前一天晚上兴奋得睡不着觉。

大奕会和欢欢分享刚买的新玩具，带着他打电动游戏。大奕还会自制钓鱼竿，带着欢欢在离家不远的小河边挖泥鳅、钓鱼。有时，欢欢会睡在大奕的家里。他们两个人，窝在被子里，呼吸着同样牌子的沐浴露味道，打着手电筒看最新一期的漫画；或者，他们两个人彻夜长谈，一起讨论星星为什么夜晚才出现。两个人性格相契，无话不谈，是关系非常好的朋友。

后来，欢欢家里出了点事。他的父亲做生意投资失败，几临破产。欢欢不再像以前一样阳光、乐观，开始变得消沉，无论大奕喊他玩什么都提不起兴趣。

欢欢告诉大奕，自己家在外地还有几处房产，如果能套现，那会是一大笔钱。

“你先借我点钱，等我有钱了立刻还给你。”欢欢对大奕说。

当时，大奕的家里正在忙着大奕出国留学的事情，无暇顾及其他。更何况，这种事不是一点点钱就能解决的。但大奕想了想，还是取出了存在自己名下的留学保证金，整整一百万元。

欢欢保证，等事情过去一段时间，他就回来把钱还给大奕。然后欢欢就消失了，五年时间，杳无音信。

家里人得知大奕取出了钱之后简直要气疯了。他的父亲大骂他没脑子，只会感情用事。他的母亲也因为留学的事黄了每日哭哭啼啼的。

大奕跟我说：“这些事我都能忍下，我也不后悔。我就是无法理解欢欢为什么不再联系我了。”

过了很久，大奕依旧无法释怀。并且，他不想再交朋友了：“付出了时间、精力、钱财和一颗真心，在交往中处处迁就，依然时刻担心着自己有没有不周全的地方。如果对方不高兴，自己还要反思，是不是性格、做事方法上出了问题。如此小心翼翼地讨好，真的太累人了。”

在现实生活中，我们难免遇到来自朋友、信任的长辈等人的背叛，“农夫与蛇”的故事古来便有，背叛的故事也时有发生。一旦遭遇背叛，受害人很难很快从被背叛的心情中恢复过来，身心受到的伤害甚至比来自其他人的伤害多几万倍。

大奕说：“这种遭人背叛的感觉，就像是你费尽心思让一个陌生人变得和你熟悉起来，最后却又不得不把他变成陌生人。”

你们之间无话不谈、亲密无间，你把自己的心窝掏出来给他，他却拿着你的所有秘密转过身面目狰狞地背叛你。这种愤恨、厌恶和恶心的感觉会萦绕在你的心头，久久无法散去。

可是，曾经一次被朋友背叛过，就真的要放弃“友谊”这种情感吗？

当然不是。除开亲情，友情是上天赐给我们的最美好的情感，它不应该掺杂利益，是我们后天能够选择的感情，应该是我们在漫漫人生中可以一直温暖自己、鼓舞自己前行的情感。

所以说，因为经历了偶然一次的背叛而因噎废食，不敢再结交其他优秀的朋友，实在是有些得不偿失。

真挚的朋友很多，会背叛的朋友很少。

遭到背叛，最好的做法就是远离这个人，使自己变得越来越好，而不是沉湎于过去的坏情绪中。越早走出背叛带来的伤痛，对自己越好。而走出伤痛最好的办法，除了时间，就是重新结交重情谊的、永远不会背叛你的朋友。

然而，因为经历过背叛，大奕在对待朋友的态度上十分消极，我便开始有意识地去引导他多接触一些陌生人，尝试结交新的朋友。我希望通过这种方法，能够让他尽早释怀，理性看待朋友背叛的问题，重新以乐观、积极的态度拥抱新的人生。

我们要相信，世上的绝大部分人，会把朋友的友谊看得十分重要。他们小心保管、细心珍藏，绝对不肯将自己视若珍宝的朋友推出去。

用真心结交朋友，必将收获用真心待你的朋友。

学会拒绝是一种交往态度

我们身边有很多这样的人，或者说我们自己就是这样的人：性格有些包子，老好人一个，从来不懂得拒绝他人的请求，甚至不惜消耗自己大量的时间和精力去帮助别人，不求回报，堪称当代活雷锋。

公司的同事小王就是这样的活雷锋，出了名的老好人，我们就叫他王包子吧，因为他不仅爱吃包子，脸圆圆的很像包子，就连性格也包子得不像样。

王包子刚入职时跟着我熟悉工作，即使现在在岗位上能独当一面了，他也喜欢有事没事就跟在我的身边。

“哥，我换新车了。”有次午休，王包子跑来我的办公桌，宣布这一喜讯。

我从文件中抽出一秒时间看了包子一眼：“恭喜恭喜。”

“有空咱们一块去城郊兜风吧。”

“嗯，看情况吧。”今天任务有点多，我想着赶紧做完免得加班。

“那哥你先忙，我撤啦。”包子看我挺忙，也不好再打扰。

原本，我只是把这一段对话当作生活中的小插曲，没一会儿就抛在脑后了。结果没过几天，王包子就愁眉苦脸地来找我。

“哥，我的新车被撞了一个坑。”

“正常，毕竟你是新手嘛。”

“不是我撞的。”包子委屈，圆脸更像刚出锅的十八褶大包子。

“噢，那你体谅一下你老婆，女孩子开车不容易。”

大概是被我的态度刺激到了，包子急了：“是技术部老李，他说带媳妇回娘家，就问我借车。”

这实属意料之中，我问他：“你是不是在全公司广播了你换车的消息？”

“啊？”包子犹疑了一下，说道：“没有，我就告诉了几个关系好的同事。”

“所以他们都跑来找你借车了呀。”

“找我借车的人不多呀，销售部的刘姐、前台的小张……”

“停，”我打断他，“这还不算多吗？那你都答应他们了？”

“都是同事呀，不好拒绝的。”

“王包子同学，”我正色道，“你真挺包子的。”

我很能理解包子不想拒绝别人的心理，他非常不想伤害同事之间的感情。并且，在包子看来，帮助了别人就会拉近彼此之间的社交距离。而一旦拒绝了别人，就会被认为冷漠、不近人情。

然而，如果有求必应，把新买的车借给同事，稍有些磕磕碰碰便心疼得不得了，更别提出交通事故了。

“哥，我决定了，以后再也不轻易把车借给别人了。”包子趁午休时间又跑来找我，信誓旦旦地说道。

我欣慰于包子终于敢拒绝别人的请求了，鼓励包子道：“早就应该如此了嘛。”

“你知道是什么促使我下定决心了吗？”

“说说看。”

“今天上午小刘跑来找我借车，我本来挺想借给他的，可是我确实有急用。我跟他说我也要用车，没车挺不方便的。他说：‘那你不会打辆出租车吗？’”

包子满脸不忿，气鼓鼓的。但是我知道，通过这件事，包子以后再也不包子了。

在我们的日常生活中，不擅长说“不”的人，大把存在。

你明明非常想要拒绝他人的请求，却碍于种种原因不得不帮这个忙。比如亲戚、同事、父母的好友等。你非常明白拒绝他们的后果：“这个孩子一点儿都不懂人情世故，帮个忙怎么了。”你很担心，如果拒绝亲戚的请求，会不会被认为不礼貌；如果拒绝了朋友的请求，你和朋友之间会不会翻脸，会不会失去这个朋友；如果拒绝了陌生人的请求，会不会被千夫所指。

于是，无论何时接受请求，你都会不遗余力地去帮忙，即使一个忙可能消耗了自己大量的金钱和精力，甚至影响到自己正常的工作。

朋友请你帮忙设计一个LOGO、写一个文案，火车上带小孩的妇女请你和她换掉你无数次刷12306官网抢来的下铺，公交车上即使身体很不舒服也要把座位让给小朋友，一旦拒绝便要接受道德的谴责。

可是，哪怕你稍微理智地思考一下就会发现，有求必应根本没有必要，干干脆脆地拒绝他们才是人际交往的正确态度。

如果你的朋友向你提出令你为难的请求，你为什么不能理所当然地拒绝这个让你为难的人呢？你的朋友会不考虑你为了帮这个忙而没日没夜地加班了几周吗？你的朋友会心安理得地让你多付出金钱吗？真正的朋友，会为你考虑，根本不会让你为难的。

如果你不懂得拒绝，每次都答应他人的请求，长此以往，他们对你呼来喝去，根本没把你的付出放在心上，更别说换来对方的感激了。

拒绝别人的请求，本就是理所应当的。当他准备向你请求帮忙的时候，他本就应该在心理上做好两种打算：被同意和被拒绝。你回应给他二者中的任何一个，都是符合情理的。

如果你明白了这一点，依旧不敢轻易拒绝他人，那么就是因为你缺少拒绝他人的底气。你的心里无时无刻不在想着：没准以后我要找他帮忙呢？如果拒绝了我以后怎么开口呢?

你应该有所觉悟：你要独立地生存在这个世界上，你不敢得罪的人对你的人生到底有什么影响，如果得罪了他会有什么后果。

个人的尊严不是来自自己帮助了多少个人，而是来自你自身的能力如何。你会发现，当你实力超群时，拒绝别人就变得更加合情合理，而被你拒绝的人也不会因为你的拒绝而不再和你来往。

各行各业的精英人士，大部分都不是看起来很随和的人。他们不是根据人本身来选择同意或拒绝，而是事情本身。

当你学会拒绝，你会发现你的人际关系不会因为你的这一变化而变差，相反，你身边的人会在你偶尔一次的帮助之后格外感激你，他们会更加尊重和理解你；而你自己则会因为拒绝了如此多的琐碎且无意义的请求之后，筛选出最值得结交的朋友，人际交往更加顺利，收获更加有意义的人际关系。

不要当一个和和气气的老好人，学会有自己的原则。如果自己有什么不想要的、不想做的，就大大方方说一句：“对不起，我做不到。”

Part 5

年轻时需要磨砺，更需要方法

我们在进行职业选择时，
不要让一时的情绪驾驭了理智，
而是要选择真正感兴趣的职业，
不要被伪兴趣牵着鼻子走。

讨好的人越多，伤得越深

叶蓁是我们部门新来的一位同事。因为他刚参加工作，所以显得对一切事物都格外积极。每天早上，叶蓁都会第一个到办公室，然后开始扫地、拖地、整理杂物间。

叶蓁认为，在很多情况下，人际关系比自己的工作业绩还重要。所以，他非常重视和同事们之间的关系。为了搞好和同事的关系，叶蓁经常主动参与同事们的话题，对每个人都十分关心。他还经常去楼下的咖啡店给同事们买咖啡、奶茶、甜点，打印资料、跑腿这种费力不讨好的工作也统统包揽下来。

这样一来，办公室里的同事一有什么活儿，第一个就会想到叶蓁，吩咐叶蓁去做。

办公室里经常出现这样的对话：

“刘姐，叶蓁可是先答应帮我送资料的。”

“叶蓁一直负责帮我买咖啡，你可是知道的。怎么今天突然派他去做别的工作呀？”

……

一时间，叶蓁变得十分抢手。此时的叶蓁暗自高兴，认为办公室里的所有同事都和他关系很好，混了一个好人缘。

可是事实并非如此。每当叶蓁遇到比较棘手的工作向其他的前辈、同事请求帮助的时候，他们总是敷衍着回答道：“不好意思，我今天太忙了，你还是找别人帮你吧。”

叶蓁只得安慰自己，可能是他们真的太忙了。

真的是因为大家都很忙吗？据我所知，并不是这样的。同事们只是不想给叶蓁帮忙，为自己找一个借口罢了。叶蓁的这种讨好式的结交朋友的方法，不会给自己带来任何好处，反而会被这些人弄得伤痕累累。

很显然，和所有同事都成为好朋友，这个想法固然很好，但是在职场中却是很难实现的。更为重要的是，叶蓁的方法出现了问题。人与人之间的关系是相互的，如果是正常的人际关系，那么肯定会是“有来有往”，而不是现在的“有来无往”。

诚然，良好的人际关系必然会在职场上给叶蓁带来许多裨益和便利。我也非常能够理解叶蓁想要尽快融入集体的心情。但是，建立良好的人际关系并不意味着就必须放低自己的身段去讨好他们。

讨好每一个人是不可能的，更是没有必要的。刻意去讨好别人，反而会给自己的社交增加障碍。

我曾几次有幸作为面试官参加公司的招聘活动。在面试的过程中，我会发现来面试的人会有几种不同的表现，其中一种人引起了我的格外关注。

应聘者在进到屋子时，会不自觉地向我们躬身。他们诚惶诚恐，脸上堆满了讨好的笑容。当我说“请坐”的时候，他们就会说：“不用了不用了，你们坐着，我站着就好。”

回答问题时，他们时刻带着敬语，每说一句，就要不自觉地观察面试官的脸色。每当面试官的脸上有什么细微的表情变化时，他们就会变得格外紧张起来。当他们进入公司、面对上司的时候，依旧是这样一副讨好的样子。

公司招聘的是专业能力过硬、能够胜任本职工作的员工，而不是招聘只会讨好上级的奴仆。所以，这样的应聘者，我们当然是不敢聘用的。

公司里的职位划分，只是工作上的一种分工而已。无论是领导还是员工，大家在人格上是平等的。所以，在平时相处的时候，完全没必要拿出那一套卑躬屈膝、刻意讨好的样子。

在人际交往中，只会讨好别人，而不是平等地与他人交往，是目的性极强的行为，最终受伤的必然是自己。

为什么职场中许多人选择讨好他人呢？当我们尝试去讨好别人的时候，往往是带着对他人的期许和需求的。叶蓁在讨好他的同事的时候，是希望能够和同事们之间尽快建立起友谊的桥梁；职员在讨好上司的时候，是想给上司留下好印象，让自己的职场生涯更加顺畅，尽早升职加薪。

可是，这样一味地讨好对方，却不一定能够获得我们预期的效果。爱讨好别人的人，内心都是过于自卑和敏感的，他们希望通过讨好的方式来获得别人的尊重。可是，残酷的事实却是，越是讨好对方，越会被对方瞧不起，不受对方的重视，我们的存在感也会被降至最低，反而显得自己廉价极了。

当他人把你的讨好行为当作理所当然，有一天你不再去讨好他们的时候，他们就更加不会用真心对待你了，无论是行为上的疏远，还是语言上的打击，都足以在你的心灵上撕开一道伤口。

愉悦的根基在于自身，而不在于愉悦他人，更不需要使出浑身解数一味地、盲目地满足他人要求。只要我们自己活得充实快乐，没必要去刻意奉承、迎合别人，把自己最真实的一面展现出来，用我们的善良、自信、风趣幽默等所有美好的品质去吸引他人，自然能获得来自他人的尊重，收获真心的好朋友。

委曲求全不等于低声下气，前者是蓄势待发的谋定，后者则是不顾尊严的出卖。尤其是在当下这个时代，我们应该比任何时候都坚定，好的生活需要努力争取，而不是依靠别人怜悯与施舍。

别让伪兴趣牵着鼻子走

爱因斯坦曾说：“兴趣是最好的老师。”

在现实生活中，很多人在兴趣的指引下，在某个领域逐渐深入探索，成就了一番事业。所以，很多人坚信这句话。在为自己的职业做规划时，很多人认为兴趣会为自己的工作提供指引和动力，所以把兴趣当作找工作的重要标准之一。

可是，兴趣却有真兴趣和伪兴趣之分。所谓的伪兴趣，就是假装自己对某个领域感兴趣，或者是误以为自己对这个领域感兴趣。如果我们在伪兴趣的指引下进行职业规划，那么反而会适得其反。

尤其是刚刚踏进职场的年轻人，对什么事情都充满了百分之百的好奇心，总是觉得别人的工作比自己的工作有趣，尚未对各个行业领域深入了解的他们觉得自己应该也会感兴趣。其实，这是“外行看热闹”的心理。

比如说广告设计工作，在外人看来，从事这个职业的人每天穿着精致的职业套装，坐在办公室里面设计一些引领时尚潮流的单片广告、视频，设计出朗朗上口的广告词，大家坐在会议室里进行头脑风暴，为了一句广告语讨论得热火朝天，然后发现他们的杰作会出现在各大商业街和知名电视栏目里。

可当他们开始认真地从事这个行业时，就会发现，真正的广告设计师，则是为文案愁得焦头烂额，每天顶着黑眼圈、蓬头垢面地坐在电脑前修饰一张张照片，为了了解甲方的需求而进行着一次又一次的会议……这些现状是没有深入了解的人所无法想象的。

如果了解之后，相信很多人立刻会对这个职业失去兴趣。

真正的兴趣，是不奢求这件事给自己带来外部结果的，比如光鲜的外表、令别人生羡的薪资和由此带来的荣誉。

真正的兴趣，是以享受过程本身为目的的。

静姝是姐姐家的孩子。高考之后的静姝，准备选择未来四年将要学习的大学专业。

我建议她道："你对数字比较敏感，不如选择会计专业吧，将来也好就业。"

静姝则不认同，她对我说："可是，每天对着数字和报表是件很无聊的事情，我不想从事会计这个行业。"

"那你想学什么专业呢？"

"我想学新闻，将来成为一名记者。我希望可以把事实的真相带给读者和观众。"

我有幸结识了几位记者朋友，在闲聊时，他们告诉我，新闻记者并没有像旁人想象中那么光鲜亮丽。

实际上，作为新闻记者，每天需要跑很多地方去搜集素材，也会经常去人迹罕至的地方，这倒也罢，最怕的是在采访的过程中遇到各种各样的阻碍。

我怕静姝将来会后悔，想知道她对新闻行业到底了解多少，于是便继续问她："你知道你新闻记者具体的工作是什么吗？"

"学了专业课就知道了呗，老师什么都会讲的。现在管那么多干什么？"静姝一脸无所谓地回答道。

看来静姝对新闻工作的认知只停留在表面，她并没有真正了解新闻记者这个职业。但是，既然她如此坚持自己的想法，那么我就不再多说什么了。毕竟，在旁人眼中，新闻记者的确是一个不错的职业，被大家冠以“无冕之王”的称号。

上了大学，静姝如愿以偿地选择了新闻专业。刚进入大学，抱着对什么事都非常新鲜的态度，静姝对各种课程都格外认真，上课认真听讲、做笔记，下课还要复习。老师在课上随口提到的一个专业名词或者是专业书籍，她都会在课下去图书馆查阅资料。

可惜，好景不长，这种情况只维持了半个学期。到了下半个学期，静姝不断向我抱怨专业课太难，例如外国报刊史太难学，新闻记者的名字太拗口、不好记；新闻稿太难写，到现在都没搞懂老师说的“倒金字塔”到底是什么样的结构；还要学好多的排版软件、修图软件、视频剪辑软件，这些软件的名字都念不上来，更别提去学着使用了。

静姝对我说：“学了新闻之后，生活真是苦不堪言，没想到新闻学的体系这么庞杂。最重要的是，和同学们对新闻专业发自内心的喜爱相比，原来我一点都不喜欢学习这种东西。”

听了她的抱怨，我知道静姝现在才明白，之前对于新闻的热爱只是所谓的伪兴趣。我对她说：“现在发现为时未晚，你应该好好考虑一下，自己真正的兴趣点在哪里。”

静姝想了很久，回答我说：“我发现我还是在和数字打交道的时候最快乐。”

“既然如此，”我建议她道：“你可以了解一下学校的转专业政策，转去你最有兴趣的专业。”

这次，静姝听从了我的建议，在大二的上学期转去了财税学院。

很显然，静姝在最初选择专业的时候，就是被所谓的伪兴趣牵着鼻子走。她只是对新闻专业有一个模糊的概念，认为它别具一格、新鲜、具有挑战性，可是自己之前的人生经历完全没有涉及过相关领域。

经过自己的亲自实践，静姝这才明白，她只是被那些虚有其表的东西欺骗了，所以才在最开始选择了错误的专业。

跟随着自己的伪兴趣选择专业领域，是非常不理智的行为。在我们的生活中，又何尝不是有很多像静姝一样的人呢？他们被外部的利益所吸引，去寻找高收入、有面子的工作，殊不知，这根本不能称为“兴趣所在”。

智慧的做法，是会根据自己真正的兴趣来选择将来要从事的工作。真正的兴趣，是不会被收入、名气等外部的东西影响的。当我们在做某件有兴趣的事时，我们会完全投入其中，会因为在这件事上消耗了金钱和时间而感到心情愉悦，且从不计较利益得失。

我们在进行职业选择时，不要让一时的情绪驾驭了理智，而要选择真正感兴趣的职业，不要被伪兴趣牵着鼻子走。

愿我们在职场一切安好

我的一个学弟江辰最近打电话找我诉苦，说自己辞职不干了，并借用了网络上最流行的一句话："我胃口不好，消化不了公司给画的大饼。"

我非常吃惊，这个工作还是我向他介绍的，于是我忙问他出了什么事。

江辰是我的一个小学弟，因为他勤奋聪明，并且为人踏实，所以我非常喜欢他。听说他在毕业后一直找不到合适的工作，我便向他推荐了这家公司。

公司的规模属于中等，并且从事的领域是朝阳行业，很有发展的前景。到了公司以后，因为江辰工作十分出色，不到半个月的时间，就可以轻松胜任本职工作。工作内容也和江辰的专业十分对口。

当听到江辰跟我说工作得还不错的时候，我立刻就放心了。

刚开始的几个月，江辰满腔热血，恨不得把自己一天的二十四个小时全部用在工作上。无论工作中出现什么困难和问题，从来都没有皱过眉头，而是发挥自己的主观能动性，想尽一切办法解决。

因为对待工作格外认真，并且成效也不错，所以江辰得到了项目组组长的格外赞赏，每周开例会的时候都要夸奖他，并且许诺在最短的时间内转正加薪。

江辰感到自己的努力被认可，当然十分高兴。同时，他谦虚地表示自己仍然有很大的进步空间。一时之间，江辰成了同届实习生中最被看好的一个。

可是，工作了一段时间后，江辰渐渐发现了问题。虽然自己的组长每次在例会上都会夸奖自己，可是组长每次都把江辰的劳动成果署上他的名字，尤其是当部门总监夸奖他们项目组的时候，组长总是把功劳全部揽在自己头上；当项目出现问题的时候，组长就会装作一脸无辜的样子，对总监说："哎呀，这个部分我是让小江做的，怎么给做成这个样子了？小江这孩子真是不让人省心。"

江辰说："如果是我出错了，那么我肯定痛快地承认，无论什么惩罚我都接受。我来公司是为了工作的，不是为了给他们背黑锅的。"

并且，江辰发现，这个公司有一股不正的风气。工作能力远远没有关系来得重要，明明自己是工作最辛苦的人，项目组里绝大部分的工作都是自己干的，可最终除了口头上的表彰，没有任何实际的奖励。

相反，同一项目组的小梅，则每天坐在办公桌前发发呆、修修指甲、玩会儿手机，待到下班就回家了，甚至每天连电脑都不打开。即使这样，小梅的工资也比江辰的高，甚至可以拿到每季度的项目成果奖金。后来，江辰才知道，小梅是公司老板家的远房亲戚。

江辰觉得自己的付出和回报不成正比，组长许诺给他的转正和加薪就像画在他面前的一张大饼一样，虚幻且遥遥无期。

于是，江辰去找组长提出加薪的要求。因为实习期的工资实在是太低了，除了房租等必要开销外，江辰是能省就省，甚至连续两个星期吃辣椒酱拌白面条。

当江辰讲出自己的生活状况时，组长却说："年轻人就要多吃点苦。多干活、少挣钱，才能成长得快，钱不够就找家里要，现在的年轻人哪个不是吃家里的呢？"

听了这些话，江辰差点把手上的订书机砸到组长的脸上。

江辰说如果我的工作连自己都养活不了，还有什么意义呢？

中秋节的时候，公司给大家发福利，江辰觉得再不济也能提一盒月饼回家看望父母。到了中秋节那天，部门里的7个人对着办公桌上5块干巴巴的月饼发呆。后来，大家推来推去，还是让组里年纪最大的同事把月饼拎回了家。

江辰已经受够了上司的虚伪和炫耀，也受够了部门间为了推脱责任而相互扯皮，以及想尽一切办法迎合老板。在这家公司里，没有办法安心工作，更没有办法提升自己，江辰看不到自己的未来在哪里。

在公司里，要和上司、同事搞好关系，要防止他们对自己的猜忌，要接受各种不公平的待遇……不堪入目的现实像一盆冷水一样浇灭了江辰的一腔热情，曾经的他恨不得把全部的精力用在工作上，而现在的他恨不得立刻辞职。

我知道，江辰受到了极大的委屈。但是，在残酷的职场环境中，这些完全是九牛一毛。在这里，我们会遇见形形色色的同事和上司，会遇见各种性格怪异的客户，我们不得不每天面对他们，利用自己的智慧和他们打交道。

职场不同于学校，不是单纯做好手头上的工作就够了，而是需要我们在各种复杂的事情和关系间游刃有余，既要懂得世故，又不能太过圆滑。并且，职场不是严谨的科学实验，很多情况下，个人的付出和回报并不能成正比。

在现实中，我们很难找到完全令自己满意的工作环境，如果自己完全不能忍受，那么就像江辰一样，选择辞职就好；如果我们有幸来到了一个比较满意的地方，那么就做好自己的本职工作，以豁达的心态来看待职场中的各种问题。

总之，希望我们各自在职场里一切安好。

以赚钱为目的的工作，投资的是别人

我曾经问过很多人：“工作的目的是什么？”

绝大部分人会回答：“为了赚钱，让自己和家人生活得更好。”

的确，我们去应聘各种各样的岗位，每天朝九晚五地辛勤工作，就是为了从公司领一份满意的薪水，为我们自己和家人提供一个比较好的物质生活条件。

但是，工作的目的和意义仅限于此吗？

当然不是。工作的目的是赚钱，但不仅仅是赚钱，工作的目的是多种多样的。很多时候，我们希望自己是“有用的”，即能够为他人、企业、社会做一些有意义的事情，我们的付出和劳动能够被他人认可和接纳。更重要的是，我们也希望通过工作，提升自己的能力，实现自己的人生价值。

快递员小高一直负责我们公司的快递业务。

有一天，当我把手头要寄出去的文件交给他时，小高对我说：“哥，我有点不想继续干快递了。”

“干得好好的，为什么不想干了呢？”我非常疑惑。

因为据我所知，小高做了快递员后，收入非常可观。通过这几年的努力，小高不仅搬了新家，而且让女儿进了一所口碑很好的学校读书。可以说，是小高一个人支撑起了整个家庭，还将自己的妻子、女儿照顾得特别好。

小高说：“如今家里生活富裕了，再也不像前几年那样，日子过得紧巴巴的。虽然当快递员收入很高，我工作得也很快乐，但是总觉得少了点什么。我想了一下，这几年的工作，每天就是机械地收单、发单，没有什么挑战性的东西，更没有什么提升。所以，我要趁着自己还年轻力壮、脑子活的时候，去挑战一份更有意义的工作。”

我记得曾经跟小高讲过，当我们发现自己一直在同一个位置上原地踏步的时候，就需要停下来好好思考一下了。

后来，小高火速辞去了快递员的工作，改去一家外贸公司做销售员。据小高说，在外贸公司可以碰到各式各样的人和新鲜事。并且，销售工作需要掌握与人交流沟通的技巧和智慧，还需要掌握推销产品的能力。这些东西，对于小高来说，不仅新鲜，而且很具有挑战性。不仅如此，因为工作需要，小高需要和外国人打交道。为了方便自己的工作，小高捡起了上学时落下的功课，开始每天下班后在家自学英语。

通过自学来提高自己的能力，以便更好地适应工作，这种激情绝对不是小高做快递员时所能拥有的。快递员的工作，只是向公司提供自己的劳动来换取看上去可观的薪水。而这份可观的薪水，来源于小高通过工作为快递公司创造的价值，这份价值远远高于薪水本身的价值。

以赚钱为目的的工作，受益的仅是公司，而非自己。

当然，我们并不是在为快递工作下一个不好的定义，而是就人的工作目的来说，除了赚钱以外，任何一份工作都应为个人的成长提供机会。比如小高，做快递员的时候，家境窘迫，所以一直想着如何赚取更多的钱财提高生活质量。当生活现状得到改观后，他的工作目的也就不一样了，尤其是换了销售工作后，可以将更多的注意力放在工作内容，而不是金钱上，也让小高觉得自己真正实现了人生价值。

更何况，在积累了资源和经验后，这份工作不见得挣得比快递员少，甚至还会更多。不过，对于小高来说，工作已经不仅仅是赚钱养活家人那么简单了。

小高能及时发现自己的问题，并且立刻尝试改变，是非常幸运的一件事。当我们的生活不再仅仅是为了温饱而奔波的时候，就可以考虑一下，现在的工作能给我们带来什么。

只为了赚钱而工作的人，是利益的奴隶。小高是一个幸运且聪明的人，他没有被赚钱冲昏头脑，而是理智地思考自己到底想要追求什么东西。通过新的工作，小高得以获得多种渠道去学习，去了解这个世界，不断提高自己的沟通能力，学会了几门外语，为自己的未来创造了无限的可能性。

反观现在的很多年轻人，他们会在工作之余兼职，家教、传单、超市促销员，虽然看上去收入可观，却浪费了太多美好的时光，其他人都在吸收知识，坐在图书馆看书，以便将来在遇到更好的机遇时施展自己的一技之长，可是他们却将这些宝贵的时间用在无意义的兼职上了，一天几百块钱的工资真的比不上去学一些知识吗？

有人说，二十多岁的年纪，正是脱贫的年纪。可是，脱贫，只是简单地以物质财富的积累为标准吗？这里的脱贫，更意味着精神的脱贫，即培养自己，提升自己。

所以，当我们的生活不再仅仅是为了饱暖而奔波的时候，就可以考虑一下，现在的工作能给我们带来什么。

首先，最基础的东西是金钱，我们在一家公司工作，付出自己的劳动，老板就会给我们发工资和奖金。其次，除了金钱，我们应该还能从工作中获得对自我的认可和尊重。还记得之前公司的一个实习生说，他很喜欢我们公司，因为每位同事对他的态度是：我信任你，我需要你，你做得很好。在那一刻，他感觉自己是被人需要的，是有用的。最后，我们可以通过工作锻炼自己的能力，让自己在一次次的磨练中不断成长。

工作内容应该是自己喜欢的，而且我们能通过自己的劳动和一技之长赚钱养活自己和家人。但除此之外，我们还应该通过工作实践来提升自己的能力，这样的工作，才是我们需要的。

不要再单纯地为了赚钱而工作，试着改变想法，让我们的工作变得更有意义。

不够优秀就别想不可替代

我去办公楼大厅接待客户的时候，正好看到大楼前台的接待员文丽在收拾自己的杂物，她的眼睛红红的，像是刚哭过的样子。

我心里一惊，连忙问怎么回事。

文丽吸了吸鼻子，对我说："我没工作了。"

在我的印象中，文丽是一个踏实肯干的好姑娘。她的性格活泼、待人亲切，无论是遇见了谁，脸上都会挂着甜甜的笑。和她交流，会让人感觉如同被三月和煦的阳光照耀般温暖。并且，公司里绝大部分人都有幸品尝过文丽亲手做的小甜点。

文丽委屈巴巴地说：“明明我什么也没有做错，为什么就不让我干了呢？”说着说着，她的声音里带上了哭腔。

我也不禁有些心疼和惋惜，这么好的一个姑娘，怎么说辞退就辞退呢？

原来，文丽平时的工作就是在前台接待客户、打印资料和跑腿打杂。其实，这种接近于文员的工作并没有太高的技术含量，但凡一个稍微细心的人就能胜任。所以，文丽之所以被辞退，是因为她要为某个部门经理的亲戚挪位置。

技术含量不高、可代替性强，这个部门经理首先瞄准了公司前台的位置。显而易见，文丽成了牺牲品。

可是，前台明明是有两名的，为什么单单辞退文丽呢？是单纯地因为她的运气不够好吗？

事情并非如此简单。另外一名前台接待叫景冉，她因为文笔优美、写文章出色，所以平时除了本职工作外，还兼任了本公司公众平台的维护，为公司写写稿子，更新一下文章。这种工作技能，是文丽所不具备的。

有时候，景冉会忙不开，于是她就会拜托文丽帮自己代写几篇文章。每当这个时候，文丽就会连忙摆手，说自己不能胜任这项工作，并且她从来都不肯学习和尝试。几次之后，景冉再也没有请文丽帮过忙。

因为不够优秀，所以文丽成了随时可以被替代的人，这也难怪她会被辞退了。而景冉的工作很难被替代，所以不会轻易被辞退。

在现实的职场中，我们经常会遇见这样的情况。毫无技术含量的工作岗位上，存在着大量不思进取的人。他们没有一技之长，更没有什么过人之处。唯一能够胜任的工作也是人人都能够做得来的。在公司里，他们没有存在感，没有话语权，面临着随时被替代的窘境。除了表现平平外，他们会嫌累，嫌事情太小不值得做，嫌太麻烦懒得学。

如果公司就这个岗位发出招聘信息，立刻会招来一大批的人前来应聘。这些应聘者中，不乏高学历的人和拥有一技之长的人。可想而知，公司自然会把这些不够优秀、没有一技之长的人剔除出去。

如果文丽能够不那么情绪化，一味地沉浸在失去工作的痛苦之中，那么她就会想明白，到底是什么原因让她失去了这份工作。毋庸置疑，这是一件很容易就能够想清楚的事情，不是别人因为有关系而代替了我们，而是我们本身就可以被替代。

随着科技的不断发展，人工智能不断走进我们的生活。

工厂里，全自动化的生产流水线完美地替代了传统工人，每间厂房只需要技术人员和管理人员即可。就连看起来十分需要技术含量的写新闻稿的工作，人工智能如今也能胜任。

如果不想被替代，那么就要学会变得足够优秀。一般有两种方法：一是不断接收新知识和新技能，让自己变成多面手，无论什么工作都能立刻上手；二是不断磨练自己已有的技能，让自己成为这个领域的顶尖人才。

足够优秀的人，是会不断向前努力和探索的人。他们对于未知领域的态度，就如同胡适所说的那样，进一寸有一寸的欢喜。就算是走到了看似尽头的地方，他们也会打破尽头的砖墙，继续向前，走向更宽广的领域。

因此，以现在的情况来看，我们能够生存下来的唯一法宝，就是让自己拥有一技之长。

纪录片《我在故宫修文物》，不正是讲述了一批拥有匠心的人通过他们各自的一技之长，让故宫的文物重现光彩吗？不仅如此，片中的师傅们并不满足于已有的贡献和已经掌握的技能。每当一件文物出现了棘手的问题时，他们便会聚在一起讨论、查阅资料，努力想出办法来对这件文物进行修复。就这样，他们一直打磨自己的手艺，成为人人称道的优秀匠人。

其实，很多时候，一家公司里的管理人员也并不是无可取代的角色，而真正有一技之长的技术人员，才是最无可取代的人物。

如果文丽能够尽早想清楚，而不是一直偷懒躲避种种看起来麻烦的工作，向景冉学习，多掌握几种技能，让自己成为多方面人才，那么她也就不会沦落到被炒鱿鱼的地步。

我们要时常告诫自己，如果想让自己成为不可替代的人，必须以足够优秀为成本和代价。

每一次都全力以赴

现如今，随着社会分工越来越精细化，社会上出现了各种各样的新式职业。岗位种类越来越多，也让择业者挑花了眼。

很多毫无经验的大学毕业生为了早日找到工作，于是在网站上海投简历，或许随随便便地就找到了一个工作。

于是，很多人的想法是，既然不是什么好工作，那么我凑合着做就好了。实际上，抱着这种想法对待工作的人，就是情绪化在作祟的典型案例。

要知道，世界上没有任何一个岗位可以将就。

我朋友何平的律师事务所开业的时候，我去开业仪式上捧场。事务所所在的写字楼是全市最有名的，站在窗前，就可以看见浩浩荡荡、奔涌向前的江水。

在开业仪式上，何平的脸上始终挂着自豪的笑容，每个人走过来，都说着恭喜的贺语。可是，只有我知道，何平能够拥有眼前的一切，是多么不容易。

很多年前，何平以优秀毕业生的身份从大学毕业。学法学专业的他，自然优先寻找和本专业紧密相关的工作。经过一段时间的努力，他找到了一份在法院当书记员的工作。

因为只是一名合同工，待遇薪资和其他的同事相差了一大截。尤其是刚实习的时候，何平每个月的工资简直不能支撑他的生活。那时候的我已经有了些收入，所以每逢月底，何平都会向我借钱。

我们都劝他："这份工作的收入这么低，连自己都养活不了，你还是趁着校招季没过去的时候换份新工作吧。"

何平摇了摇头，语气坚定地说道："这是距离我梦想最近的地方。"

在法院工作的这段时间，何平从来没有因为工资低而草草应付工作。相反，他拿出十二万分的小心和谨慎来对待每一份任务。对何平而言，工作的目的不在于赚钱，而在于多学一点东西。

一年之后，凡事都很上心的何平大幅提升了自己的专业技能。同时，何平对待工作认真的态度也引起了一位经常来法院的律师的注意。他看中了何平沉稳踏实、勤奋好学的特质，最重要的是，何平熟知法院工作的所有细节，这对于律师工作大有益处。

这位律师诚挚地邀请何平去自己的律所上班。这家律所十分出名，打过很多著名的官司，工资和福利水平也是同行业中最好的。不仅如此，在这家律所里，何平还得到了代理案子的机会。在前辈们的指导下，何平迅速成长，已经成为一名有模有样的小律师了。

后来，在何平的努力下，他的名气在律师圈越来越大，收入也越来越高。最后，他拥有了一家属于自己的律师事务所。

我让何平分享成功的秘诀，他告诉我："做好每一件小事即可。"

的确，何平的成功，一部分要归结于他的运气，因为他有幸在法院工作时早早结识了自己的伯乐。但是，绝大部分原因是他自己的认真态度。正是因为他对待每一件工作都兢兢业业，才打动了别人，为自己赢得了机会。

世界上的工作，有大有小，有的从外表上看光鲜亮丽，给人带来无尽的光环；有的工作则属于幕后，默默无闻、不为人知。无论什么样的工作，都值得我们去做好，直至全力以赴。

伟大来源于平凡，所有成就都是由一点一滴的琐碎累积起来的。

很多年轻人刚走出大学校园时，无不怀着足以济世的梦想，想要成为伟大的人。但是，这些梦想固然伟大，却始终停留在梦想的阶段。因为他们不是不肯从最基础、最平凡的工作做起，而是“以为恶小而为之”，马马虎虎，凡事都是差不多就行，以至于他们根本没有进步，更别提遇到生命中的伯乐了。

一项调查显示，在当今时代，人们换工作的频率远远高于从前。这是因为不少年轻人按捺不住自己的性子，不肯认认真真地对待每一份细小的工作。所以他们频繁地跳槽、寻找新的工作，希望通过跳槽的方式来获取一份满意的酬劳。

有的年轻人匆匆找到一份工作，等到入职之后才发现，自己对眼前的一切不满意了。公司不好、工作不好、上司挑三拣四、同事刻薄无理，于是心里便打起了小九九：“既然工作如此让我不顺心，那么我就凑合着完成任务，能交差就行了。”

很显然，这些都是情绪化的做法：眼前的工作看起来和自己的梦想毫不相关，于是干脆破罐子破摔。如果何平也是这样的想法，他根本不会有今天的成长和成就。

最正确、最智慧的做法，就是学会放平心态，将每天重复的、日常的细小工作做到极致，并且一直坚持下去，那么总有一天，我们肯定会获得意想不到的成就。

如果我们只想着去做伟大的工作、伟大的事业，也许永远不可能成功；如果我们能够静下心来，安安静静地做好身边的每一件平凡的小事，伟大可能会突然从天而降。

这个世界上，没有不值得做的工作，没有不值得尊敬的人，只有将就工作的态度。

好工作，是选老板而不是看薪资

当我们身处职场的时候，无论在哪一个岗位上、在哪一个发展阶段，都会有老板和同事，这是我们在职场中无法规避的人际关系。只要在工作中，我们就需要和他们打交道。

如果我们遇见了好的职场前辈，那么就相当于遇见了一位优秀的教师，他会十分耐心地教给我们一些知识，比如他会亲自指导我们如何处理业务，如何与客户相处，如何在竞争激烈的职场里获得更好的发展。更重要的是，他会给我们磨练的机会，以及展示的机会。

遇见好的老板和同事十分重要。所以，在职场中我们要格外谨慎，选对老板，职场路才能走得更为顺畅。

前几天，朋友柳咏向我诉苦，他觉得自己在公司待不下去了，准备离职。我问原因，他咬牙切齿地对我说："还不是因为我的上司。"柳咏感叹自己简直是命犯太岁，为什么碰上了如此有问题的管理者。

刚入职的时候，柳咏是一名新人，没有工作经验。所以，当上司把工作任务下达给他的时候，他很慌张，不知从何下手。面对这种情况，柳咏只得向身边的前辈求助，可是前辈们总以"工作太忙"为借口推辞，偏偏上司也不在身边。于是，赶着截止日期的柳咏只得自己摸索着从头做起。

因为没有任何经验，所以结果可想而知。柳咏把第一份任务做得一塌糊涂，连最基本的概念都弄混了。最后，不仅延误了时间，而且把事情搞砸了，上司把柳咏批评得一无是处，说尽了难听的话语。纵然柳咏是一个小伙子，可也委屈得躲在没人的地方好好哭了一场。

后来，发泄过情绪的柳咏安慰自己："因为我自己水平太次了，所以上司才会大发雷霆，如果我再努力一点就好了。"

抱着这样的心态，柳咏又积极地投入到新的项目中去了。

随着接触到越来越多的工作，柳咏逐渐积累了一些经验，虽然在工作中仍然遇到不少棘手的问题，但是已经学会解决和处理各种困难了。

但是，柳咏的上司似乎永远看不到他的进步，每次一有点瑕疵和不如意的地方，就会把柳咏叫进办公室进行训话。

并且，柳咏了解到，只有自己的上司是这样的“培养”方式，其他的部门负责人对下属十分关心，什么事情都会事无巨细地叮嘱，甚至手把手地教导，直到下属能够独当一面。

想到这里，柳咏更加委屈，向我抱怨道：“平时不管我，和我没什么交流，就算我主动去请教，也对我爱搭不理的。等到工作出了纰漏，只会把我拎出来骂。难道我是天生应该学会这些东西的吗？真当我是神吗？”

我虽然嘴上安慰着柳咏“会好起来的”，但是，心里也有颇多无奈。实际上，在职场里的我们经常能遇到类似的情况。上司和同事是我们在工作中无法躲开的人，所以，如何与他们相处是一个大学问。双方从陌生到相熟，再到能够默契地进行工作，是一段需要时间的过程。而在这段过程中，会出现许许多多的麻烦和问题，关键是看我们如何辩证看待与解决。

有的员工会在离职原因里写“个人原因”“家庭原因”等，但在调查他们的真实想法时，得到的回答却是：“因为和上司不能融洽相处。”

为什么有这么多人在无法与上司友好相处后，直接选择辞职呢？因为，在职场中，选对老板真的很重要，甚至在有些时候起决定性作用。

我们每天要花费八个小时在工作中，除去吃饭睡觉的时间，这八个小时占据了人生的三分之一。因此，我们当然要选择一个合拍的老板，这样才能舒舒服服地工作。如果我们不幸遇到了一个不好的老板，那么就会事事都不顺心，心情也无法好起来。工作中时刻感到压抑的话，就会考虑辞职的问题了。

所以，有的人在选择工作时，既不看公司是不是“500强”企业，也不看薪资待遇有多么丰厚，而是看自己的上司是不是值得跟随的人。

短时的名气和钱财固然重要，但这只是暂时的现象。如果跟对了人，则会对我们的职业生涯有非常重要的作用。优秀的老板，能够指引我们在职场的道路上一路前行，会在我们的工作中给予帮助，宽容地对待我们的每一个错误，帮助我们及时修正。并且，最重要的是，他会乐意给我们一个展示自己能力的机会。这样一来，在经过了一段时间的发展后，我们必将在能力和收入上有质的飞跃。我们最初舍弃掉的名气、钱财和这种飞跃相比，简直不值一提。

除此之外，优秀的老板能够在人品上让员工折服。他会让我们开开心心地工作，会给予我们适度的压力，以及激励和鞭策。

只有跟着优秀的人，才有可能走向卓越。

Part 6

永远记住，实力才是一切

乔布斯曾说：“你的时间有限，所以不要为别人而活。”无论是心中怀有远大理想，还是想平淡度过一生，你都要为自己而活，而不必总是顾虑别人的眼光。

拼什么都不如拼实力

“拼爹”的人，似乎从出生之时起，就注定了一生顺风顺水，快活无忧。

家里有一个远房亲戚，他们的家庭就是“别人家”奢求的家庭。孩子凭着父母的关系上了市里面最好的学校，享受最好的教育。我有幸去参观过那个学校，无论是硬件设施还是师资水平，都让我大开眼界。最重要的是，学校非常注重培养学生的多方面能力，也就是多年来一直提倡的素质教育。

可惜的是，孩子并没有珍惜优越的学习环境，他非常贪玩，成绩一直属于倒数几名的行列，甚至严重影响到升学。

后来，这个孩子却神奇般地考进了全市最好的中学。后来，经过了解才知道，他的父亲让他以美术特长生的身份考进了这所学校。美术特长生的身份当然是假的，因为据我所知，这个孩子从小到大没有认真画过一幅作品。

后来，他在大学毕业后顺利地进入了一家让人羡慕的企业工作。和他同期入职的还有一个小伙子，小伙子是经过层层考试和选拔进来的，并且只是实习生。

可以说，这个孩子从小就受到父母的格外“照顾”。因为从小就依靠着非常有能力的父母，所以，无论什么事情都能让父母轻易摆平。学习成绩不好没关系，反正父母可以给自己找到好学校读书；读书时打架了没关系，反正父母给赔医药费；被同学告老师了没关系，父母和老师关系好，老师不会为难自己的。

从小到大，他都活在父母的庇荫下，从来没有接触过真正的社会，也从来没想过要提高自己的能力和水平。他之所以能够一路顺风顺水，不过是仰仗着这样的一个“爹”。

可是，在进入了这么好的一个平台之后，这个孩子却没有好好珍惜。因为上学期间不好好读书，荒废了学业，没有学到一点专业知识。所以，当上司把工作安排给他时，即使在很多前辈同事的帮助下，他还是做得一塌糊涂。

相反，另外那个小伙子十分懂事，刚来公司的时候，打杂跑腿什么都肯干，对待每个人都和和气气，上司安排的工作也能很好地完成，有的时候效果甚至会超出预期。

后来，公司将小伙子转成了正式员工，开除了亲戚家的孩子。

亲戚家的孩子因为从小生活安逸，没有尝过竞争的滋味，已经忘记如何通过自己的努力为自己争取机会了。

安逸，是会给人带来无穷的祸患的。因为安逸，待在器皿里的青蛙逐渐丧失了跳出器皿、寻求自保的能力。在舒适区里待久了，亲戚家的孩子不断放纵自己、不断降低对自己的要求，同时，也丧失了思考的能力。

这件事情给了我一个深刻的警醒，一直依赖父母的人，并不一定会一直顺利下去。

现实生活中，有太多相似的例子。这些“拼爹”的人一时间看起来顺风顺水、风光无限，但是，事实却证明，这只是暂时的现象。“拼爹”的人，因为从小赢在了起跑线上，学不会居安思危，丧失了努力和奋斗的意志，习惯了不需要耗费过多的精力就能获得比旁人更好的资源，不需要自己多少努力就能过上比别人更加舒适的生活。

然而，“拼爹”只能拼一时，绝对不可能拼一世。

父母的呵护和庇佑只能让他们获得短时期的成功，却不能保护他们一辈子。所以，随着时间的推移，他们在各方面都慢慢变得不如旁人。

“拼爹”，只是为我们提供了一个足够广阔和优秀的平台，至于我们如何在平台上发挥，在这个平台上跳出怎样炫丽的人生之舞，则全凭我们自己的能力。如果自身能力不够，那么即使平台再好，也无法做出一番辉煌的成就。如果自己有足够强的能力，那么平台自然愿意为我们提供机会，我们可以利用这些机会尽情展现自己的才华和价值。

无论是我们有这个“爹”可拼，还是没有这个“爹”可拼，最根本的，是我们自己能够学得一技傍身。如果我们的家庭一般，没有可以事事依靠的父母，那么我们就更要有意识地不断开阔自己的眼界，培养自己的国际观，提高自己的能力，成为更加优秀的人，让我们自己成为父母、儿女可以安心依赖的人，为自己的家人寻得一片安身之所。

为梦想去奋斗，不要活在他人的“设计”里

世上有千千万万的人，每个人生活的目的自然不尽相同。

有的人想完成心中的梦想，有的人想看看这个精彩的世界，还有一部分人，则顺从安排，按部就班地完成每个年龄段该做的事情，然后过完自己的一生。

有些人的人生，似乎就是为别人而活。从小，父母便为自己安排好了接下来要走的每一步路，只要顺着这个安排一步步走下去即可，不需要发表任何自己的意见。

我曾经在出差时见过同事在宾馆和自己的妈妈通电话，

他的妈妈把他第二天的生活安排得妥妥当当，吃什么饭、穿什么样的衣服，事无巨细，甚至在几点钟去洗手间都规定好了。同事在旁边非常认真地边听边点头，而且他在第二天果然穿上了妈妈要求他穿的衣服。

看来，同事早已习惯了被父母主导自己的人生，一旦离开父母，就连每天穿什么衣服都不知道了，好像他是完完全全为父母活着的。

或许这件事看似有些夸张，但实际上，我们身边确实存在着为别人而活的人。

我曾在登山俱乐部认识一个人，我们都称她为倩姐。倩姐大学毕业后就嫁人了，男方家里财产丰厚，生活无忧。所以，倩姐便没有找工作，当起了家庭主妇。

在旁人眼中，家庭主妇的工作最是清闲，每天只要买买菜、做做饭，辅导好孩子的功课，其他时间就可以尽情地去逛街、喝茶、做美容。

可是，倩姐这个家庭主妇有点让人大跌眼镜。

倩姐说，她每天早上从一睁眼开始，就忙忙碌碌，没有一刻休息的时间。倩姐要在全家人睡醒之前准备他们的早餐，还要根据每个人的口味准备不同的食物。中式早餐的油条、豆浆和小笼包一定要有，同时也要准备好儿子整天嚷嚷着要吃的吐司和想喝的橙汁。吃过早饭，倩姐还要开车送儿子上学，回家收拾餐桌上的一片狼藉；然后就要买菜做中饭，去学校接儿子放学；下午要洗衣服，晚上还要辅导儿子做作业和手工作品。

总之，一天下来，没有一刻清闲的时候。到了周末，还要组织家庭聚会，协调好各个家庭成员之间的关系，稍有一点不周到的地方，便会被埋怨。

倩姐说："我每天忙得腰酸背痛，躺在床上就不想再起来。可是仔细考虑一下，我每天忙忙碌碌，都在忙碌些什么呢？"

作为一名家庭主妇，倩姐把自己全部的时间和精力用在了家人身上，始终围绕着家人打转，为他们而活。但是她从来没有为自己而活，仿佛她的人生不再是自己的了。

倩姐说，不仅如此，在结婚之前，她的人生也是在听从父母的安排。她的父母为她选择了小学，选择了舞蹈兴趣班。每当自己在考试中取得优异成绩的时候，父母便会格外开心，被要求当众表演跳舞更是家庭聚会的必备项目，每当有亲朋好友夸奖自己时，父母这才展开笑颜，冲他们摆摆手，说道："没什么，雕虫小技而已。"

除此之外，父母经常向倩姐灌输一个理论："你是父母的骄傲，你一定要出人头地，让我们过上好日子。”所以，结婚前的倩姐，是为父母而活；结婚后的她，则为丈夫、儿子而活。

放弃了自我，为别人而活，这样的例子数不胜数。有的人会把自己的人生绑在孩子身上，人生的重心全部倾向于孩子，甚至有的家长会辞去自己的工作，全心全意陪孩子读书。每天中午，家长站在阳台上眼巴巴地守着，等看到孩子放学回来，拐进了楼道，便立刻蹿进厨房把面条下锅，等孩子走进家门，正好端上来一碗热乎乎的面条。就这样，他们竭尽所能把最好的全部给了孩子。

父爱、母爱固然十分伟大，但是真的没必要伟大到这种程度。这样的父母，完全没有了自我，而是为自己的孩子而活。

丢掉自我，其实是最可怕的，也是最不理智的做法。如果能用脑子理智地想一想，就会发现，为别人而活是一件非常没有意义的事情。每个人都有自己的人生，如果大家选择过好自己的人生，那么便既没有必要让别人为自己而活，更没有必要为别人而活。

幸好，倩姐没有一直身陷于这种周而复始的循环之中，而是及时发现自己的问题，并且打算纠正过来。如今的倩姐，已经和丈夫商量好家务的分工，培养儿子每天独立完成作业和手工作品的能力。在倩姐的刻意引导下，丈夫已经会在每天回家后主动拖地、洗碗、把脏衣服丢进洗衣机里，儿子也会在写完作业之后自己检查错误，在睡前把第二天需要的课本准备好。

倩姐则有了大把属于自己的时间。于是，她给自己报了瑜伽班，参加了本市的登山俱乐部。每逢周末，倩姐便会参加这些活动。她还找到了工作，有了人生的职业目标。

她对我感慨道："为别人活着，每天都不知道自己在忙些什么。当我开始为自己而活的时候，这种忙碌的感觉带给我的是快乐。"

乔布斯曾说："你的时间有限，所以不要为别人而活。"

人，要为自己而活。无论是心中怀有远大理想，还是想平淡度过一生，全都是自己真正想活的样子。所以，请理智一点，人生路远，自己的路还是要自己走。

你需要的是实力，没必要活在攀比里

从某种程度上看，家庭聚会是变相的攀比大会，亲戚们会把小孩子当作比较的对象。比如，隔壁二姑家的孩子在期末考试时又考了全年级第一，四婶家的孩子在某次比赛中拿到了一等奖。聚会现场甚至演变成了表演大赛，这个小孩子弹了一段钢琴，那个小孩子即兴发表了一段精彩的演讲，还有小孩子现场画了一幅国画出来……

家长们让孩子从小学习各种各样的才艺，以此来显示孩子们的卓越和不平凡。

每当这个时候，我的小侄女秋秋便会显得非常淡定，虽然她既不会唱歌，也不会跳舞，没有什么可以表现出来的才艺，学习成绩也是一般般，在班级里排中等。可以说，和其他小朋友相比，秋秋真的很平凡。

我曾问过她：“每天早上去上学，下午回家写作业，睡觉，每天如此重复一样的内容，会不会感到厌烦？”

“可是，每天上学路上的风景是不一样的啊。”秋秋回答道。

小姑娘天真的话语启发了我。可不就是这样的吗？

早上，早点摊子的伯伯给我的油条色泽都不一样，有时候发白，有时候焦黄，我每天早上都会猜一猜伯伯给我什么样的油条。

“每一天，风会从不同的地方吹过来，鸟儿的鸣啼也都不一样。老师讲课的内容不一样，和同桌的对话不一样。这样的日子，怎么能说是单纯的重复和循环呢？”

秋秋的学生手册上有一段老师的评语。秋秋是全班最受欢迎的小女孩，乐观、活泼，和每一个同学都能做好朋友。同学之间吵架、闹别扭，秋秋总是能把他们哄得高高兴兴。她简直是天使一样的存在。

在这个世界上，绝大多数人都是平凡人。出生在平凡的家庭，上着平凡的学校，去家门口的理发店剪一个平凡的发型，找一份平凡的工作，然后过着平凡的每一天。

许许多多的平凡人，在生活中从事着平凡的工作。正是因为有人在这些岗位上兢兢业业地工作，我们才能有舒适的生活。比如水电工人为我们保障正常的用水用电，饭店的外卖配送员在我们赶时间的时候送上餐品，公共交通的司机保障我们的出行便利，他们尽职尽责，扮演好社会上的角色。如果没有他们，我们的生活将会变得一团糟。

但在我们身边，却有不少人被不切实际的冲动和梦想冲昏了头脑，常常幻想着自己能够成为众人仰慕的“成功人士”，实际上他们并没有什么天赋异禀的地方。不甘于平凡，想要成就一番事业，拥有这些想法未尝不可，但别忘了脚踏实地地为梦想而努力。所以，如果理性一点思考，我们可以选择成为一个有价值的平凡人。

如果被“成功梦”冲昏了头脑，不妨动脑子理智地想一想，显然，不是每个人都有机会成为“成功人士”的，绝大多数人都是平凡人中的一员。更何况，即便是成功人士，他们的生活也依旧是十分平凡的。他们离不开普通的家庭生活，每天同样要围绕着柴米油盐酱醋茶团团打转，同样会生病、会衰老、会面临死亡。

没有成为梦想中的“成功人士”，不用气馁；成了众人羡慕的“成功人士”，也依旧要经受平凡。无论是成功人士，还是平凡之人，最重要的是过得幸福。因此，我们的人生，不只是为了追求不平凡，更重要的是学会追求幸福。

我们不难发现，这个世界上所有的不平凡，都会带给我们感动，带给我们欣喜，带给我们不一样的人生体验。

有人说过，平平淡淡，不等于意兴阑珊。或许我们没有走过名山大川，但是我们依旧可以从身边的小事物中寻得数不尽的快乐。

做平凡的大多数没什么不好。我们可以煮茶赏花，看每天都有点不一样的日出，看树上叶子的绿色从初嫩变得浓郁，看行人被夕阳拉长的影子，品尝每一粒米的香甜。这些平凡的每一天，依旧会给我们带来恬淡的安宁和别致的乐趣。

做平凡的大多数，享受平凡带给自己的快乐。珍惜时间，珍惜身边的人，认认真真地过好每一天，这样就够了。

你不必活得小心翼翼

在生活中，我们每个人都有表现自己的欲望——想让老师、同学夸赞我们，想让上司、同事对我们另眼相看，想让身边的人看到自己的努力和进步。

想要被别人重视，前提是，我们自己要有能够被别人看到的优点，而且自己要清楚这些优点所在。

可俗话说，知人易，知己难；而能够正确地认识自己更是难上加难。

公司有一个同事顾南，他在工作的时候有一个很奇怪的习惯，明明能够很快完成上司安排的工作，却总要拖到截止日期那一刻。期间，他总是反反复复地检查自己写的东西有没有问题，即使检查不出毛病，也要一遍一遍地翻看。时间一久，顾南被贴上了“工作效率低”的标签。

其实，当工作完成后，检查一两遍，就可以上交了。顾南的做法，实在是有点过犹不及。后来，我经过观察发现，无论做什么事，顾南都是小心翼翼的。在办公室吃午饭时撕包装袋，去茶水室接水，他都十分小心谨慎，就连敲打键盘的声音都没有别人的声音响亮。开会的时候，顾南总是早早到场，然后选择最偏僻的角落坐下，全场不发一言，安静地低着头，不知道在看什么。

虽然说尽量避免制造噪声是有礼貌的行为，但是顾南未免有点太过于注重社交礼仪了。并且，顾南说得最多的一句话就是“给你添麻烦了，真是太不好意思了”。

像顾南这样“不给别人添麻烦”的行为，其实已经到了不正常的程度。如果深度剖析，我们会发现，顾南做出以上种种举动的根本原因，是自卑。因为不了解自己，从来没有正视过自己，所以想当然地觉得别人在各个方面都比自己优秀，进而形成了自卑的心理。

因为自卑，所以顾南总是觉得自己做的东西是有问题的，羞于拿给别人看，所以才自己一遍一遍地确认修改。因为自卑，顾南总是尽可能地不发出声响，降低自己的存在感。自卑的他，从来没有认真地审视过自己——自己的能力到底如何呢？

因为自卑，他从来没有意识到自己原来可以很优秀。当一个人被自卑感所笼罩的时候，他就无法动脑思考自己的能力到底是怎样的，也就无法意识到只有敢于认识自己才能改变现在的自己。如此恶性循环，才导致了顾南现在这个样子。

再进一步考虑，顾南的自卑，根源是他不会认识自己。不敢面对自己，不敢认识自己，都是极其幼稚的行为，以为自己不去看它，好像就不存在了似的，这是没有脑子的想法。真正的智者，无论这个自己是优点多一些，还是缺点多一些，都会勇于面对，坦然接受。

事实上，顾南的工作从来没有像他自己想象的那样不堪入目。上司只是认为他工作效率不高，如果再提高点工作效率就好了，其他方面则没有提出意见。换言之，如果顾南能够在修改完之后立刻发给上司，那么就完全没有任何问题了。

于是，我在工作间隙找到顾南谈话。我对他说：“你不妨自我审度一下，你能做到最好的程度是什么。”

在我的指导下，顾南开始变得积极主动起来。遇到问题就及时和身边的同事沟通，做完的工作及时发给上司，等待回馈。并且，他开始在会议上表达自己的观点，很多次因为讲话内容一针见血而受到全场的关注。

之后，顾南腼腆地一笑，对我说："我好像找回自己了。"

顾南因为知道了自己并没有想象中的那么差劲，逐渐找回了自信，在工作中表现得越来越好，并且受到上司的重用。有一次，公司组织春游爬山的时候，顾南自告奋勇，背着自己的单反相机拍出了很多漂亮的照片，博得了女同事的一致好评。

"原来能够被人看到自己的长处，是这么令人快乐。"顾南对我说道。

顾南有了很大的变化，是因为他开始勇敢地认识自己。

敢于认识自己，才能让周围的人发现自己。如果无法认识自己，我们将无法选择自己的人生道路，无法选择自己要读什么专业，做什么样的工作，选择什么样的生活方式。并且，如果我们无法认识自己，我们就不知道自己的能力如何，我们可能会盲目自信、夜郎自大，也可能会过于自卑，无法好好表现自己。

实际上，每个人都想向身边的人努力证明一下自己的存在，都希望被他人看见。有的人希望得到领导的提拔和重用，有的人想引起心仪之人的注意，有的人希望通过自己的长处和优点获得他人的关注，这都是无可厚非的。

但想要让别人注意自己的前提，是自己能够看得见自己。敢于认识自己，才能被看见。只有正确地认识自己，才能从自卑的情绪中走出来，扬长避短，最大限度地展示自己的长处，从而得到别人的认可和赞扬。

正确地认识自己，是需要一个过程的。认识自己，需要不断完善自己的心理，认真审视自己的行为、习惯、思想，获得最真实的体验和感觉，据此来全方位地认识自己。

如果想让旁人看见自己，那么我们首先要敢于认识自己，正视自己的优点和缺点，做好自己能够做的每一件事，让自己变得更加优秀。这样一来，即便没有刻意展示，别人也能看见闪闪发光的你。

不等待不消极，一切都要去争取

我们身边有非常多的人是相信命运的。有些人看到别人取得了成就，就会说他“命真好”，而当自己面临失败时，不光不反省自己的错误，反而会抱怨命运的不公，认为自己的命不好。

当然，一个人的成功和失败或许和运气有点关系，要不然，为什么“尽人事，听天命”一直是很多人挂在嘴边的句子？但是，“命运”并不是决定一个人取得什么样成就的决定性因素。有的人喜欢把别人的成功归结于他的运气好，把自己的失败归结于“命不好”，其实这两种想法都是感情用事的结果，是思想不成熟的表现。

命运真的有那么重要吗？我们走在人生路上的每一次转折，到底是命运安排好的，还是我们的自主选择呢？

公司聚餐时，张总向我讲了他以前的故事。当时，公司老板为中层管理者提供了一次出国培训的机会，如果有幸被选中，那么回来后就会有连升两级的机会。

公司提供培训费用，再加上回国后的大好前程，所有人都跃跃欲试，都想争取到这个名额。

原本就形势复杂的环境，一下子变得更加暗潮涌动。

张总那时刚刚被提升为部门经理，是中层管理者中最籍籍无名、低调沉默的一个人。他的想法是，如果公司真的打算选他出国培训，那自然最好不过；如果自己没有被选上，那么肯定是因为自己的能力不足，即使自己去争取，也会因为达不到要求而被刷下来。

于是，面对这个千载难逢的好机会，张总从头到尾都没有去争取。后来，果不其然，公司选择了另外一位中层管理者去参加了为时半年的国外培训。

不果敢、消极，甚至有些自卑，这些心理因素，导致了张总面对机遇时，与之擦肩而过。张总告诉自己，命运使然而已，自己肯定是因为能力不够，所以才没有被命运垂青。

可是，真的单单是因为命运吗？

我觉得，张总之所以没有被选中，是因为他没有主见，没有做出最大的努力去争取这次机会。另一个被选中的中层管理者，能力并不一定比张总高出多少。但是，因为他去争取了，所以他拿到了，就是这么简单。

张总每次回想起这件事，都有些后悔，遗憾自己当时为什么不勇敢地去尝试一下，即使失败也没有什么损失。并且，他十分认同我的观点，当时的他对出国培训抱着可有可无的态度，的确是没主见、没原则的想法。

当一个人选择能力为零时，否定能力必然爆表。而且，总爱拿命运说事的人，其实都是因为没原则。

现实生活中，我们身边有许多并不是那么有原则的人。他们从小便是如此，从吃饭、穿衣这样的小事，到读书、工作这样的大事，他们无一不抱着得过且过的态度，他们对所有的事物都抱着可有可无的想法，比如“随便吧，都可以，无所谓”，是他们一贯的内心活动。

看起来，这些人是随和的一群人，和他们相处起来很容易。但是，他们实际上却是最没有原则的一群人，常常把“听天命”这样的词挂在嘴边。没有上进心，安于现状，凡事都不肯去争取，即使自己在最开始的时候非常优秀，最后慢慢地也会趋于平庸——行为上有依赖性，任何事情都要过问他人的意见，自己懒得动脑子思考；对待事情没有主见，没有异议，总是觉得别人的想法比自己高明，因此只会让别人给自己答案。

因为没有原则，所以总是抓不住身边大大小小的机遇。“这次就算了吧，让给别人吧”和“下次吧”等消极的想法一直存在于他们的脑子里。考试失败、求职失败、晋升失败，所有林林总总的失败，都可以归结为一个原因：命运使然。

可是，这是逃避现实、不理智的想法。你从来没有动脑子想想，只要努力争取，没有什么是不可能得到的。

当行走在人生的道路上时，我们会遇到很多很多的岔路口，要选择往哪个方向继续走。这个时候，有原则就成为人的一项非常重要的能力，正是这项能力决定着我们会选择什么样的道路，会过什么样的人生。

命运真的有那么重要吗？命运是很重要，可是它并没有想象中那么重要。我们最终会成为什么样的人，拥有什么样的成就，经历怎样的人生，归根到底不是全部依赖于命运的指引，而是取决于我们自己的人生选择。

有原则的人，有明确的目标性和目的性，会确切地知道自己想获得什么，想过什么样的人生，而不会把事事都归结于命运。

不要总把命运挂在嘴边了，试着制定自己的原则，努力一下，选择自己真正想走的人生道路，改变你心中的那个“命运”。

现实不相信眼泪，让自己强大是根本

人的一生是不可能永远一帆风顺的。我们会遇到困难和挫折，这些都是难以避免的。

然而，身处逆境的时候，不同的人有不同的应对之法。有的人一经打击，就会一蹶不振，放弃自己；有的人认为是命运如此，叹息着劝自己认命。

我们家有一个老邻居周阿姨，一起住在一个四合院里，自来水龙头公用的那种。从我记事起，周阿姨就是我们家邻居。小时候，家里面穷，父母不肯给我买零食吃，周阿姨常常在我跟家里人赌气的时候喊去她家，偷偷塞给我几块奶糖。

不仅如此，在我的印象中，周阿姨对谁都是和和气气、笑眯眯的，从来没有见过她和谁红过脸、吵过架。

后来从四合院搬进了高楼，我们家和周阿姨家又成了邻居，而且两家还是对门，距离比之前更近了。周阿姨总是来我们家做客，生活中大小事情，都喜欢和我的母亲聊一聊。有几天，周阿姨特别频繁地来我们家，像是有什么事。

原来，周阿姨家里最近出乱子了。她的儿子因为入室盗窃被关了起来，正在这节骨眼儿上，丈夫却因为常年酗酒，身体透支，住院了。家里的顶梁柱一下子倒了两个，柔弱的周阿姨一下子慌了起来，不知道该怎么办。

说起这个，周阿姨一脸绝望，哭哭啼啼地向我们抱怨儿子的不孝和丈夫的不负责任。

“我这是作的什么孽，怎么摊上了这样的两个人？”

“我的命可真苦，上天难道见不得我好吗？”

这些话被周阿姨反复念叨，而我的母亲是一个特别有同情心的人，最见不得别人在她面前掉眼泪，听了周阿姨的这番话，忍不住红了眼圈，细声细语地安慰周阿姨。

周阿姨觉得她很无辜，明明自己什么都没有做错，为什么命运如此弄人呢？

可是，周阿姨身上真的没有任何问题吗？

据我所知，周阿姨性格温柔，甚至有些柔弱。丈夫开始酗酒的现象已经有些年头了，从最开始的晚饭小酌到后来的大白天也要拎一个酒瓶子，醉醺醺的，一天没有几个清醒的时候。虽然周阿姨也经常提醒丈夫少喝酒，但是从来没有什么效果。酗酒对身体的损害是非常明显的，可是周阿姨明显没有采取更有效的措施来制止丈夫。

至于周阿姨的儿子，则一直有小偷小摸的毛病。隔壁院的爷爷种了一株葡萄树，还有几棵石榴树。每年果实成熟的时候，她儿子就喜欢趁大人们午睡的间隙去偷葡萄和石榴。这个爷爷非常喜欢小孩子，所以即使发现了他偷水果，也只是告诉周阿姨，让她好好教育孩子，并且送去了几串刚摘下来的葡萄。周阿姨呢，则认为并不是什么大事，所以每次只是数落几句，事情就算过去了。

小孩子正是不分是非对错的时候，周阿姨在当时没有严加管教，导致她儿子一直戒不掉小偷小摸的习惯。可她没有想到的是，正是她柔弱、不果断的性格，正是她的暗中纵容，才会导致现在如此严重的后果。

其实，我们现在尝到的每一个苦果，都是我们当时自己亲手种下的。任由自己的错误浇灌这棵植物，自然会收获一颗并不甜美的果实。

不可否认，世界上发生的所有的事，都不可能是无缘无故就发生的。

周阿姨认为自己没有错，觉得自己是一个被别人连累了的“白莲花”，何其无辜。可她确实不是无辜的。虽然说主要原因不在她身上，但是她却不是完全没有责任。正是她一步一步地纵容，才导致了现在的家庭悲剧。

就连我的母亲都说，周阿姨怎么一直不去想着帮衬家里，或者跑跑腿，找找门路，反而是一直跑到咱们家里来诉苦，简直成了现实版“祥林嫂”。

周阿姨只沉浸在自己的痛苦情绪之中，却没有想明白，现在最重要的不是非理性的抱怨和眼泪，而是收起自己的情绪，理智地寻找解决办法。即便她是想寻求外援，单纯地哭诉也不是办法，而是应该聪明地寻求身边人的帮助。

现实不相信眼泪，生活也从来不会同情弱者。周阿姨的哭诉并没有任何作用，对她渡过难关更不会有一点帮助。

在生活中，哭弱、哭穷虽然会引来身边人同情的目光，或者会递上纸巾帮你擦擦眼泪，但却仅仅止步于同情。

我很想告诉周阿姨的是，眼泪没用，你得行动。

凡事的发生都是有因的，我们所经历的任何事情，都是因为我们之前种下的因，当然没有“无辜”这种说法。

当我们的生活不再一帆风顺，而要面对困难时，我们没有办法“道德绑架”般去强迫别人帮助我们，也不能通过哭泣解决问题。我们只有努力让自己变得更加强大，才能尽快走出生活的困境，迎接美好的未来。

你的人生不需要表演给谁看

我有一个好朋友白杜川，几年前刚从国外留学回国的时候，通知了几个好朋友一起聚餐。可是，消息越传越远，到最后竟然半个班级的同学都来参加聚会了。本来是好友相会，硬生生变成了同学聚会。

白杜川的家境还不错，家里经营着一个不大不小的地产公司。所以，出国读研的他并没有像电视剧里演的那样，每天都要勤工俭学，靠刷盘子来挣取自己的生活费。他的父母给了他足够的学费和生活费，他可以有大把的时间领略异国风情。

在那次聚会上，白杜川向我们介绍国外的留学生活，讲自己刚到美国时因为语言不通带来的困窘，因为文化差异闹出的种种笑话。同时，他利用寒暑假的时间逛遍了周边的城市。

总而言之，这次出国留学，他觉得收获很大。

这时，一直在旁边吃菜的班长突然说道："我们大家今天聚在一起，是为了和老同学一起叙旧的，不是来听你炫耀的。"

一句话，熄灭了这场聚会的热度。白杜川也把手中的酒瓶放在桌子上，不再说话了。众人也变得安安静静，甚至能听到吃饭时的咀嚼和吞咽声。

班长似乎觉得不够，继续说道："家里有钱就是好，可以天天过得有滋有味、潇洒自在。不像我们，天天为了温饱而奔波。"

这句话的酸味极大，众人都尴尬极了。白杜川暗中握了握拳，过了几秒，最终还是松开了。

聚会还在继续，会活络气氛的哥们已经开始组织展开另外一个话题，还玩起了掷骰子和真心话大冒险，场面立刻又热闹了起来，这个小风波就算是过去了。

可是，班长的几句话变成了一根刺扎在了白杜川的心里，让他久久不能释怀。他对我说：“我当时绝对没有半点炫耀的意思，明明大家听得都很高兴、笑声连连的。并且，我分享的也大多是发生在自己身上的糗事，班长凭什么说我是在炫耀自己？”

有一句话说得好，和三观不合的人聊天，在他眼里，连分享快乐都变成了炫耀。

白杜川第一次出国，和大多数人一样，肯定会觉得无论什么都很新鲜，芝麻绿豆大的小事也想讲给我们听，和我们分享这种新鲜感，以及由此带来的快乐。他站在一个好朋友的立场和角度向我们分享自己的国外生活，这本身没有任何问题。

问题在于，他没有考虑到听众是谁。如果听众只有我们几个好哥们，那自然没有任何问题，甚至会像个好奇宝宝一样问东问西，让白杜川多讲一点，也可能会被他的糗事逗得捧腹大笑。可是，当听众有了班长这种关系一般的人时，问题自然而然地就产生了。

班长不是本地人，如果他想在这个城市立足，一切都要从头开始，全靠自己打拼。所以，他从大三的下半学期开始，就已经找公司实习了。经过一年多的努力，他才慢慢在公司站稳脚跟，这其中肯定有很多波折和辛酸。当他看到白杜川轻轻松松地过上精彩的生活时，自然有点心理不平衡。

这一点是可以理解的。可是，问题的关键是，班长居然毫无情商地当众说出了心中所想，让白杜川在众人面前难堪，这让人有点匪夷所思。

我们不可否认的是，这个世界存在着差异，正是因为差异的存在才会让这个世界更加多彩。我们身边，既有像白杜川这样的人，也有像班长这样的人。在有些人的生活里，他们真的会把欧洲十日游、购买奢侈品牌的手提包、去高档的饭店吃饭当作非常平常的一件事。但当他们把自己的各种日常发布在朋友圈的时候，会招来一群人阴阳怪气的评论，说他们是在炫富。可是，这些发表在朋友圈里的行为，真的只是他们的常态，并没有半分炫耀的意思在里面。

这样的人生，在不理解的人眼中，就是在打肿脸充胖子，就是在装。

其实，无论是什么样的人，什么样的人生，自己的人生就是自己的。我们只能过自己的人生，而不能代替他人过他们的人生，既然无法过别人的人生，那么怎么就能够妄下论断，认为别人的人生就是装的呢？

我希望白杜川不要被班长的一盆凉水浇灭了热情，希望他能够自己理智地想明白，把这根刺从心里拔出来，然后尽快愈合伤口。同时，我也希望班长能够尽快清醒地明白过来，没有体验过的人生，不要随意评价。

每个人都有独属于自己的人生路，路上的风景自然也是有所差别的。虽然有些人会因为一些原因而产生了交集，但是这种交汇是短暂的。走过这段共同的路之后，我们彼此又要重新回到自己的路上，过自己的生活。

所以，不要随意评价他人的人生，也别受到他人对你人生评价的影响。自己的人生是自己活出来的，不是写下来让别人看和说的，更不是让别人给你定义的。

如人饮水，冷暖自知，自己的人生过得怎么样，只有自己心里最清楚。

Part 7

在奋斗中，遇到真正的爱情

平凡的人不会因为拥有爱情而变得不平凡。爱情不是让人变得不平凡的良药，更不是逃避平凡的借口，因为爱情本来就是平凡的。

真正的爱情，才能给你未来

什么是有价值的爱情？古往今来，有许多的文人墨客、哲学大家都对这个问题进行了研究和阐释，表现出了对爱情的无限向往与期待。

有价值的爱情，是男女两个人以真爱为基础，自愿共同生活在一起，最后得到完美的爱情和婚姻。选择自己所喜欢的，那么对对方的承诺自然也是由心而发。

因为彼此真心相爱，所以有价值。

遇见有价值的爱情和遇见没有价值的爱情，得到的结果是截然相反的。

同事有两个姑姑，明明是一个家庭出生的两姐妹，却因为一段爱情让命运有了截然相反的改变。

原本出生在同一个家庭的姐妹，有着相似的基因，相同的家庭背景和教育背景，见过同样的人，经历过同样的事，所以姐妹两个人几乎相差无几。

渐渐地，两个人到了谈恋爱、结婚的年龄。原本父母已经为姐姐安排好了一个相亲对象，家境、人品都不错。见过一次面后，男孩子表示对姐姐十分满意。可是姐姐却不同意，虽然男孩子的条件都不错，但还是毅然地选择了她在上学时就交往的对象。

这个对象是姐姐在读书时认识的，家境贫寒，但依旧举全家之力来供他一个人读书。父母说姐姐读书读傻了，放着条件好的不嫁，却偏偏自己去找苦头吃。

姐姐如此执拗，家里人没有办法，好在妹妹看上了那个相亲认识的男孩子，同意与他结婚。既然如此，父母也便同意了姐姐的婚事。

妹妹的爱情和婚姻，看起来似乎极其美满。两个人生活在一起后，果然如同大家想象的那样，各种家庭大件一应俱全，物质生活极其美满。索性，妹妹辞去了工作，专心待在家里做起了全职妇女。

随着时间的推移，妹妹发现丈夫对自己管东管西，一点都不理解她的想法。

妹妹想去报一个插花和茶艺班，丈夫却嫌这个没有任何用处，对她说："你跑出去学这些乱七八糟的，不如在家给我洗两件衣服。"妹妹想通过节食来控制自己的体重和身材，丈夫却说没有必要，以"我和儿子不能没有营养"打发过去。看电影、去餐厅吃饭、在节日里送花，这些属于两个人的浪漫，丈夫从来没有做过，因为"费钱"，更别提什么让人惊喜的小礼物了。

时间久了，因为被家庭琐事拖累，妹妹的脸色变得越来越憔悴，整个人也像一棵蔫了的植物一样，没有一点精神。等到家庭聚会的时候，妹妹惊奇地发现，姐姐面容姣好，肤色透亮，眼睛里散发着光芒，从表面就能看出她过得很好。

原来，姐姐结婚以后，虽然起初在物质上过得很辛苦，但是两个人同心同力，为了生活得更好而共同努力。周末的时候，两个志趣相投的人或是去公园赏景，或是在图书馆里消磨大半个下午。每当姐姐心血来潮想做点什么的时候，姐夫总是全力支持；为了帮姐姐在事业上更上一层楼，姐夫主动承担起全部的家务，没有半句怨言。

姐姐和姐夫两个人，相互开阔对方的眼界，一同去欣赏各地的大好河山，书房里堆满了他们一起看过的书，书上分别用黑色和蓝色的墨水标注了读书心得。姐姐会把生活的琐事讲给姐夫听，把姐夫听得哈哈大笑，半天直不起腰。姐夫会给姐姐讲工作上遇到的难题和烦心事，让姐姐帮着出谋划策。

后来，姐夫在公司里混得风生水起，逐渐受到老板的重视，连续三次升职加薪。姐姐辞去了原来的工作，在姐夫的支持下开了一家服装店。因为审美独特、眼光好，所以服装店里的衣服经常处于脱销的状态。就这样，姐姐和姐夫在克服了初期物质上的拮据之后，日子过得越来越红火。

明明是十分相似的两姐妹，生活却有如此大的反差。这些变化，是从她们选择了爱情和婚姻之后开始出现的。无疑，姐姐是聪明和理智的，她选择了一个虽然贫穷，但却懂她、有上进心的丈夫；而妹妹则只被表面的东西所迷惑，选择了一个虽然富裕，但是性格却不合的伴侣。

有价值的爱情，是不会让人感到遗憾和后悔的，就像姐姐遇到的爱情，不会因为两个人在一起而拉低生活水平，相反，它会因为另一个人的加入而变得越来越好。我想，当姐姐回忆自己的人生时，她一定不会后悔自己当初的决定，更不会后悔和姐夫相伴一生的承诺。

而妹妹遇到的爱情则是没有价值的爱情，它会使两个人不断消磨彼此的时间和精力，从而变得筋疲力尽。想必，妹妹是会感到懊悔的吧，懊悔自己为丈夫的种种付出和辛劳，懊悔自己当初许下的承诺。

这便是有价值的爱情的魅力和没有价值的爱情的魔咒。

理性的爱情才能走得远

我相信很多人是看童话故事长大的。

童话故事里，公主逃过了母后的毒苹果，在水晶棺材里被王子吻醒；灰姑娘在仙女的帮助下，瞒过嫉妒的继母和姐姐，乘着南瓜车去舞会和王子跳舞……

无论这个童话故事中间经历了多少磨难和挫折，结局通常都是这样，王子和公主幸福地生活在了一起。就连许多文人笔下的爱情，也是可歌可泣的，他们极尽所有的笔墨夸赞爱情的美好，似乎人的一生只要经历过惊天动地的爱情，就能不枉此生。

这样的童话故事不知打动了多少情窦初开的人。于是，他们信誓旦旦地相信，真正的爱情，就应该像童话故事里那样完美。

我有一个妹妹，名叫天天。大概是名字应了她的性格，小姑娘永远是天真无邪、涉世未深的样子。所以，天天也对童话故事里的爱情深信不疑，认为王子和公主应该理所应当地在一起。

当各种“霸道总裁”式的言情小说火起来的时候，天天又多了一种幻想。幻想自己成为被男一号花式宠爱的女主角，两人之间的爱情感天动地，像小说写的那样轰轰烈烈。

不仅如此，天天还把这种幻想带到了现实中。她时常把自己想象成流落民间的公主，孤苦无依地受苦，然后等待白马王子找到自己，解除封印，一起离开这里，去过幸福的生活。

所以，在面对择偶的问题时，天天显得格外小心和慎重。她要求自己的配偶能够满足心目中王子的所有要求，长相要够帅，行为要绅士，物质条件也不能差……为此，天天的父母急白了头，这样挑来挑去，什么时候是个头呢？要是耽误了适婚年龄，可就不好了。

幸运的是，天天终于找到了她自认为合适的结婚对象。

说实话，我对这个准妹夫的第一印象不是太好，他总是给人一种不踏实的感觉。可是，既然天天喜欢，那么就万事大吉。天天的父母为了赶上黄道吉日，连忙张罗着二人的婚礼事宜，就连我也向公司里连请了好几天假，为这个婚礼忙前忙后。

婚礼举行得十分隆重，仪式上充满了天天要求的所有元素：蕾丝、泡沫、花瓣，以及高耸的香槟塔和超巨型的蛋糕，满足了小女孩的所有幻想，就差去英国租一座城堡作为婚礼地点了。不过，看着天天脸上幸福的笑，我在一瞬间把内心压抑已久的所有不满全部转化成了欣慰。

我原本以为天天在找到了自己的王子后，会像童话里的公主那样一直幸福地生活下去。可是，天天和我都忘记了，童话故事里并没有继续描写下去。当公主与王子幸福地在一起后，他们的生活到底是怎样的呢？当童话沾染上了柴米油盐、沾染上了各种世俗的事务，王子和公主的婚姻生活会不会像普通人一样，也是一地鸡毛？

童话故事显然没有告诉我们答案，天天的故事却有了了断。

婚后的两人的确曾度过了一段甜蜜的时光。但是，好景不长，当两人的新鲜感消失的时候，各种各样的矛盾和争吵也随之而来。洗衣服、打扫屋子、做饭等琐事占据了婚姻生活的核心位置，夫妻两个人被这些鸡毛蒜皮的事磨去了耐心和包容，变得越来越挑剔和暴躁。

“我不是跟你说不要买这个牌子的酱油了吗？怎么还买？我吃不惯这个牌子。”

“我说过很多次了，衣服这么叠是会褶皱的，你怎么还这么叠？还有，那件衣服是不能叠的，而是应该挂在衣柜里，你随便揉揉就扔进抽屉里是怎么回事？”

“还有，用完的碗应该泡在水池里，而不是随手一丢。不泡在水里的话，碗会非常难洗的。”

大到家用电器的添置，小到牙膏的挤压手法，两个人没有不争吵的。

当第32次跑回娘家后，天天终于忍不住向我抱怨：“干脆离婚算了。”

我劝她不要这么冲动：“你看，你们从各个方面来说都很般配，同时也是受到父母双方祝福的，这不失为一个童话般完美的婚姻。更何况，你的丈夫不是你亲自挑选出来的最符合王子设定的人吗？”

天天被我说得哑口无言，只能小声说着：“反正就是不合适。”

天天的想法，印证了许多女孩子的内心想法。她们坚定不移地相信灰姑娘般美好的童话，却又不得不眼睁睁地看着自己的爱情被现实打败，或者是在长期的稳定和枯燥中一点点被消磨殆尽。

只有满脑子童话的人才会相信爱情的完美，能够及时从童话里走出、用理性思考并能认清现实的人才会知道，爱情其实也需要平凡。

平凡的人不会因为拥有爱情而变得不平凡。爱情不是让人变得不平凡的良药，更不是逃避平凡的借口，因为爱情本来就是平凡的。

或许，王子和公主童话般的爱情，只能继续存在于童话故事中，也只能在梦中相见。

要懂得，任性不是爱

一开始周扬在微信里找我说话，我是拒绝的。

周扬在微信问：“在吗？”我恨不得立刻回答“不在”。但是，我却要保持我的矜持和严肃，在斟酌了片刻后，回道：“在，有事？”

我之所以这么抗拒和周扬在微信里交谈，不是因为我讨厌他。相反，我非常欣赏这个聪明活泼的小伙子，他总能在工作中帮我在另一种思路上有所启发。

我的抗拒，是因为周扬的女朋友。

公司聚餐的时候，我们彼此见过面，我对周扬女朋友的第一印象很好，应该是个不错的女孩子。当初，周扬费了九牛二虎之力才追到了这个女朋友，摆脱了单身，自然恨不得把女朋友花式宠上天。

女朋友说饿了，周扬不管刮风下雨还是漆黑一片，都会下楼骑着自己的小电动车，跑到市区的一个角落买女朋友点名要的食物。逛街的时候，女朋友的眼光一扫，周扬就立刻明白，急忙让服务员打包女朋友刚才看上的东西，刷信用卡的动作潇洒流畅，一点也不拖泥带水。

不仅如此，周扬还喜欢和大家分享恋爱的喜悦。他会事无巨细地和我们说起他们两个人之间发生的甜蜜小事情，包括女朋友给自己起了个外号，女朋友叮嘱自己下雨天记得拿伞，女朋友为自己做了爱心蛋包饭……

在微信上的时候更是了不得，周扬会把他们两个人的合照发在群里，让我们受到连环“暴击”。那时的我们，虽然嘴上嫌弃周扬，但是当看到他脸上洋溢着坠入爱河的甜蜜笑容时，内心是真真切切地为他感到高兴的，并祝福他能一直像现在这样幸福下去。

可是，事情却并不像我们想象的那样顺利。随着时间的推移，周扬女朋友开始逐渐暴露出自己的缺点。

因为周扬太过于宠爱他的女朋友，所以他的女朋友开始变本加厉，越来越无理取闹。

明明两个人都有工作，每天都需要很早起床，然后匆忙地在路上买个饼就赶往公司。可是，周扬女朋友却嫌这样的生活方式不健康，逼着周扬给她在家里做早餐。可是，如果周扬早上在家做早餐的话，就意味着每天早上要损失掉一个多小时的睡眠时间，这对于周扬来说是十分难受的。因此，有段时间，我经常看到周扬对着电脑打哈欠，一副精力不足、萎靡不振的样子，严重影响到工作。

于是，周扬问女朋友能不能不要让他做早餐了，大不了提前一天准备。女朋友则执拗地认为食材会不新鲜，所以坚决不同意。

当周扬继续坚持自己的观点时，女朋友就会说："你不爱我了。"

这似乎成了周扬女朋友的口头禅，每次当周扬不能满足她任性的愿望时，她就会说："周扬，你不肯为我做这件事，就是不爱我了。"

以至于后来周扬向我抱怨，每次听到"不爱我"这几个字，简直头大如斗。岂止是周扬，就连我也时刻敲响警钟，每当周扬找我聊天的时候，我就在心里思考，是不是又是他来向我抱怨女朋友的事。如果确实是这样，那么我就会变得十分抗拒。

既然相处得不愉快，为什么不尽早分手呢？

周扬说："我虽然不耐烦她的任性，但是我还是心疼她的。她来自单亲家庭，父母不和谐的婚姻影响到了她的童年生活。由于从小极度缺少家庭的关爱，所以性格上会有一些缺陷。因为缺少爱，所以渴望爱，而当这种渴望得不到满足的时候，就会变得对周边事物恐惧起来，恐惧不被关怀，恐惧被世界抛弃，恐惧得不到爱。"

周扬的女朋友爱周扬吗？很显然，是爱的，从周扬的字里行间中就能感受到女朋友对他的浓浓爱意。也因为爱，所以衍生占有欲，进而变成了强烈意志，稍微失控，就会紧张，然后演变成十分危险的状态。

所以，周扬觉得自己的使命重大。他希望通过自己的努力让女朋友享受到真正的、源源不断的爱，从而让女朋友获得安全感，而不是感到恐惧。

有很多人和周扬的女朋友一样，他们经历过某种不为人知的变故，比如家庭变故，因此对周遭事物极其敏感，就像一只小兽一样躲在自己的安全领域里，不安地窥探这个世界。渴望得到爱，却无法得到爱或者得不到稳定的爱，于是，他们内心世界的爱便自然而然地变成了恐惧，对这个没有关爱的世界的恐惧。

其实，爱和恐惧，往往没有界限。因爱而生恐惧，往往是情绪化的反应。虽然恐惧由爱而生，但是我们通过理性的思考就会发现，爱也能够化解恐惧。如果我们想要远离恐惧，那么就让自己多一点关爱，勇敢地踏出第一步，让别人感受到我们的爱，然后等待别人对我们的回馈，由此，我们便能得到更多的爱，距离恐惧越来越远。如果我们的内心被恐惧填充，那么就静下心来，聆听恐惧的声音，修正它，改善它，用爱驱散掉它，以此来让我们的内心重新充盈爱意。

适度依赖，才能收获你想要的爱

每个人的爱情观各不相同。

其实，爱也分很多种。有的人选择在爱情里成为一株丝萝，穷尽所能去寻找一棵能让他得到庇佑的大树；有的人选择成为一棵乔木，这样就可以和心爱的人比肩而立，甚至能保护他。

想成为丝萝的人，其实就是对爱情充满依赖性的人。

许多年轻的情侣在相处的时候，会对交往对象产生依赖感。每当隔了一段时间，就会在社交软件上寻找对方，聊几句无关痛痒的话。

如果对方没有及时回复，那么短信和电话就会随之而来。

“我刚给你发信息你怎么不回啊？”

“手机正好没电了。”

“没电了就记得充满电，你一定要按时回复我的信息。”

这样的对话，几乎出现在所有的情侣之间，有的情侣甚至一天会发生三四次这样的对话。

不仅如此，依赖性强的人，会每时每刻都围着另一半打转，一起吃饭、一起逛街，什么都要一起行动，如果两个人见不到面，那么就会煲很长时间的电话粥。

之所以会如此黏腻对方，是因为在恋爱中的人会产生对另一半的依赖性。一个人在成长过程中，如果缺少来自家庭、朋友的关爱，就容易在心理上产生“依赖性”。一旦进入恋爱环节，他们的言行便会显得格外依赖对方，希望能够依赖更强大、更有能力的另一半。并且，越是依赖对方，越是摆脱不掉。

持久的依赖，容易让人上瘾。

朋友美嘉的恋爱过程，让人看得着实心累。

明明是一个成年人，美嘉却像个小孩子一样黏着男朋友。

早上，美嘉要男朋友把自己送到公司门口，有时男朋友公司有急事需要提早上班，美嘉就会跟男朋友闹别扭，非要男朋友跟公司请假，然后送自己上班。下班的时候也是如此，美嘉要求男朋友带着她爱吃的小零食站在公司楼下，确保美嘉能够一下楼就看见。同公司的女孩子看到这样的场景，纷纷感慨美嘉有福气，找到了一个“二十四孝男友”。

男朋友出去聚餐的时候，美嘉就会打来连环电话。

“跟谁？几点回来？在哪？不准挂我电话！”

不仅如此，美嘉还对男朋友做了一系列的要求，早上起床一定要跟她早安问好，信息一定要秒回，每一条朋友圈都要评论和点赞，瓶装水一定要帮她拧开瓶盖。

一开始，美嘉对男朋友的依赖可以看作是两人之间的小甜蜜。可是，有一次，这种依赖却险些酿成大祸。

和往常一样，男朋友在开车，坐在副驾驶位置的美嘉牵住了男朋友的右手。两个人十指紧扣，并且说说笑笑，非常开心。突然，右前方一辆车打开转向灯，向左并道。眼看着就要撞上来了，男朋友吓得赶紧调整方向盘，下意识地想双手操作，可是右手却被紧拽在美嘉的手里，以至于错过了最佳时机。

幸运的是，这次事故只是普通的追尾，并没有造成太大的损失。不过，这次事故却像当头一棒，震醒了两人。

依赖，就是想把自己的所有细节和对方联系在一起，分享自己的所有，了解对方的所有。喜怒哀乐，生活琐事，无不想分享，恨不能把自己所有的生活覆盖在对方那里。

在恋爱中，对方的一个眼神，一个动作，一条短信，像是一种鼓励一样让我们欣喜若狂，这是爱情的力量，也是依赖感在作祟。

爱会让人产生依赖感，有爱便有依赖，没有依赖，爱也就不存在了。就像沙滩依赖着阳光，海岸依赖着浪花，仙人掌依赖着生存的土壤。因为需要，所以依赖。其实，人类的爱情也是如此。爱一个人，便会想见，见不到便会想念。因为依赖，彼此才成为对方眼中的“独一无二”，非衣非食，却百般流连。

我们时时刻刻想要知道对方是否爱自己，所以，我们才会不断地索求，不断地询问，以确保自己在对方心中的地位完好无损，增加自己内心的安全感。爱需要依赖，正是因为这种依赖的感觉，才能表达自己的爱意，才能让彼此感受到对方的爱意。

适度的依赖会成为两人恋爱关系的黏合剂。但是，我们千万不要幼稚地认为，依赖是爱情的全部内容。即使是两棵枝蔓交缠的树也会有彼此各自的根脉，而不可能完全重合。每个人都是一个独立的个体，拥有属于自己的三维空间，透过爱情这扇窗，能让我们看到另一个个体的独立空间，另一种生活和视野。所以，爱情本应让一个人的空间更开阔，更丰富，而不是更狭隘，更封闭。

过度的依赖只会令彼此失掉自我，也令对方窒息，最后使爱情沦落，变成相互埋怨的借口，得不偿失。如果一个人只想完全侵占另一个人的生活，那么，这种过度依赖的爱便已经不再是爱，只是单纯的占有欲而已。

理性的人都会知道，真心相爱的两个人，不是凭借一直在一起来证明对彼此的爱意，而是心灵相通、心领神会，是灵魂上的一种契合。他们懂得给对方私人空间，尊重他们的生活方式；他们保有自己的独立个性，不会彼此破坏。

如果想拥有爱，保持适度的依赖即可。

每一个人的归宿只有自己

在看新闻的时候，总是能发现十分有趣的新闻。

年过半百的大爷大妈们，手上举着牌子，占据了相邻公园的某个角落。牌子上的内容通常是子女的个人信息，例如性别、年龄、收入、房车情况等。这些父母们站在公园里，就是为了帮儿子女儿相亲，俗称“代相亲”。他们所占据的角落，也有了一个时尚的名字：相亲角。

这并不是个别现象。事实上，父母们帮儿女相亲的案例数不胜数。在菜市场买菜的时候，在公园里晨练的时候，他们总是会和身边的同伴聊上几句：“你家儿子有女朋友了没有？我家女儿还没对象呢，我看挺合适的。”

他们似乎无时无刻不在操心帮儿女找另一半。同样，许多适婚的男男女女陷入了被催婚的大军行列中。

公司的王琳正是被催婚大军中的可怜一员。每天下班回到家后，父母在餐桌上一直唠叨，主题只有一个，那就是王琳的婚姻大事。

王母用筷子夹起一块鸡翅，放进王琳的碗里，语重心长地说：“琳琳，我们单位那个姓张的小伙子看起来蛮靠谱的，要不要见一面？”

王琳扒拉着碗里的饭粒，貌似不经意地说道：“不用。”

“不用，不用，什么时候都说不用，”王父透过自己的老花镜瞪着王琳，“既然不用，那就赶紧领回家一个啊。”

王母乘胜追击，说道：“是啊。我们家也不是特别传统的家庭，相亲和自由恋爱都可以的。只要你肯交男朋友，妈妈的心就算放下了。”

王琳反驳道：“为什么要我这么着急地结婚呢？我想晚一点再结婚。”

“你要尽早结婚，安稳下来，这样，我们才能放心啊。”

“可是我现在单身不也过得好好的吗？为什么一定要依靠另一个人呢？”

“一个人生活毕竟孤独，妈妈是希望你找个伴儿，能够好好照顾你的生活。”

“不需要，我觉得这样挺好的。”

谈话戛然而止，每次谈到结婚的话题，家里面原本和谐的气氛一下子降到了冰点。王琳默默地吃完饭，回房间刷微博去了。

隔着门，王琳依旧能听到父母的对话。

王母埋怨道：“不是让你好好对孩子说吗？怎么说着说着又提高音量了？”

“那能怪我吗？你看她也老大不小了，一点都不懂事。我们让她早点结婚，不也是想帮她找个好归宿吗？”

“是啊，”王母叹了口气，说道：“希望琳琳能早日明白我们的苦心，找个好人家，我们也就算放心了。”

王琳躺在床上听着父母的对话，心中思绪万千。

在人们的普遍认知中，孩子从小在家的时候要听父母的话，长大了之后就要赶紧找个合适的人结婚，然后生儿育女，这才算是完整的人生。就好像我们只有找到另一半，才算是有了归宿。

有的时候，婚姻甚至和是否成功扯上了关系。如果一个人的婚姻不是十分地完美，即使他在事业上取得了多么大的成就，也会被世人看作“不成功”。

如果按照这个标准，世界上又有多少“成功”的人呢？而那些在事业上取得一番成就的人，为什么单单因为家庭问题而被全票否决呢？这未免有些绝对。

我身边不乏这样的女性：她把自己的时间全部用在丈夫和孩子身上，似乎每一天每一秒都是为丈夫儿子操劳，洗全家人的衣服、做饭、打扫卫生、辅导孩子功课，辛辛苦苦下来，她从来没有为自己做过一件事，没有把关注点放在自己身上。

这样做的结果是什么呢？丈夫学不会体贴她，每次饭菜不合口味，或是稍晚一点，就会大发雷霆、骂骂咧咧；孩子期末考试发挥失常，丈夫又只会责骂她不好好看管孩子，只知道溺爱孩子。

可是，丈夫却从头至尾没有参与过任何工作，做家务的是妻子，教育孩子的是妻子，每当出现失误的时候，却只会责怪妻子。

在这样一个看似完美的三口之家中，妻子是幸福的，是成功的。但是，妻子是真的幸福吗？这样的人生，又怎么可能会优于那些在事业上有一番成就的人生呢？把自己的幸福寄托在一个和自己毫无关系的陌生人身上，是何其愚蠢的行为。

随着社会的逐渐发展，人们的观念逐渐开放，懂得这个道理的人似乎越来越多。不少人选择晚点结婚，不肯轻易地把自己的下半生交到另一个人的手里，而是远远观望，直到找到那个值得自己真心付出的人。

他们极度向往自由的生活，秉持的观点是：我自己挣的钱足够养活我自己，有车有房、灯泡会换、下水道会通，为什么还要冒着拉低生活质量的风险去和一个自己不喜欢的人组成家庭呢？

依靠别人的人生是对自己不负责任的人生。

这样的理智，这样的自信与从容，让我叹为观止。

的确如此。我们都知道拥有一个优秀的另一半会给我们带来幸福，但却只有一部分人知道幸福不仅仅是通过拥有另一半来获得的。获得幸福的方式多种多样，最靠谱、最简洁的方式，就是依靠我们自己。只有依靠自己，才能将未来牢牢把握在自己手中。因此，我们的归宿不是别人，正是我们自己。

理解比爱更重要

情侣在恋爱中信奉的第一条例是什么？是彼此相爱吗？

青年男女在恋爱中，彼此爱慕对方固然重要，但那只是两人坠入爱河的初始条件。如果想要维持长久的恋情，更重要的一点是，两人能够成为知己。

在一档以情感和解为主题的综艺节目中，女孩子不肯接受男孩子的爱意。男孩子说：“我那么爱你，你想要什么我就给你什么。你不开口，我就总想着什么东西能送给你开心，恨不得把天上的月亮星星都摘下来送给你。即便是你无心的一句话，我也会放在心上，费尽心思去帮你实现。可你为什么不爱我。”

女孩说：“我知道你对我好。可是我喜欢橘子，你为什么拿来一车苹果。不能因为你送给我苹果，你就要强迫我不喜欢橘子而去喜欢苹果呀。”

爱情当然不仅仅是在橘子和苹果中间选择那么简单，但是女孩却一语道破了问题的核心——你不懂我，我没法爱你。

张宏是我手下的得力干将，工作能力超群，我经常把重要的任务委派给他，他总能非常完美地完成任务。但是有一段时间，张宏的情绪却格外低迷，工作也提不起劲儿。我问了好几次他都不肯说。

后来有一次公司聚餐时，张宏借着酒意向我大倒苦水。王梓真是邻居王叔叔家的女儿，从小，张宏就像哥哥一样照顾王梓真，两人青梅竹马、两小无猜。随着时间的推移，张宏逐渐明白自己对王梓真的心意：“我喜欢她，喜欢了很久很久了。”

“喜欢就去追啊，难道你要等女孩子开口？”旁边的几个同事都怂恿道。

张宏又闷下一杯啤酒，说：“我被拒绝了。”

我问他：“那你知道问题出在哪吗？女孩子有喜欢的人

了？还是他们家里人不同意？”

张宏说：“如果我知道症结所在，我就不会这么苦恼了。”

我有幸见到过王梓真一面，温温和和的一个女孩子，长相也十分甜美。从言谈举止间可以看得出来，她对张宏十分关心，不像是讨厌张宏的样子。

张宏又灌了自己几杯酒，兀自嚷着：“我想把心掏出来给她，可是她根本不在乎，我能怎么办呀？”

“你是怎么追求王梓真的呢？”

“送花、邀请她一起出去吃饭，只要她一个电话，我随叫随到。”

“你投其所好啊，王梓真喜欢什么你就送什么。”

“她喜欢什么……”张宏开始支支吾吾。

我看出了端倪：“你不会连姑娘喜欢什么都不知道吧？”

张宏摇摇头，我继续问：“姑娘喜欢吃什么？周末喜欢待在家里看电影还是出去玩？喜欢什么运动？有什么兴趣爱好？喜欢养猫还是养狗？”

“我……我没问过。”

显然，这就是王梓真拒绝张宏的原因。

在爱情里，姑娘们喜欢男生们对自己满满的爱意，她们同样喜欢自己的另一半是自己的人生知己。两个人有着相似的兴趣爱好，彼此契合的三观，共同的思想高度，一致得出奇的笑点和泪点。白天各自上班，晚上下班回来后，两个人交流一下工作时的心得，互相帮忙解决问题。然后，两个人愉快地商量出共同爱吃的晚餐，一块做家务，讨论着微博、豆瓣上看来的趣事，周末一起看一场口味一致的电影。

成为对方的人生知己，在与彼此的交往中逐渐成长，志同道合、意趣相同，是最完美的恋爱对象。

爱情固然需要自己的赤诚之心以及有些说不清道理的爱意，但是现实是由理性和感性共同组成的一个矛盾体。当激情冷却、爱意渐沉，一面叫作理性的旗子缓缓升起，并将成为爱情的指向标，伴侣之间的情感性联系转化为更加亲密的相互需要。如果两人不能成为彼此的知己，那么就连“挤牙膏到底是从前面挤还是从后面挤”这种小事都会导致双方争吵不断、感情破裂，最终导致两人分开的结局。

爱情里的问题，不仅是情感的问题，更多的是智慧的问题。

对于王梓真这样的女孩子来说，张宏仅仅爱她是远远不够的，她希望张宏能够懂得自己——懂她比爱她更重要。

我劝张宏："不如先把王梓真的喜好弄清楚，再认真地重新追求她。"

自此以后，张宏经常在休息时间捧着一本书读得津津有味，手机里多了几个文艺类和社交类手机软件。有一次我和张宏去分公司开会的时候，张宏说："杨绛先生的《我们仨》写得真感人，字字真情、句句肺腑，不愧是大家之作。"

我惊诧地看着张宏，问道："自诩宇宙第一理工男的张宏同学，你怎么也开始看起这些文绉绉的东西了？就算是要拓展知识面，《三体》《时间简史》这类书才应该在你的书单之列吧？"

"你不懂，我家姑娘爱看，她强烈推荐我看的。"说这话时，张宏一脸甜蜜，幸福得要冒泡。

看来张宏已经成功地追求到姑娘了。张宏的成功说明，无论是一见钟情式的爱情，还是日久生情式的爱情，如果想要将感情长久地经营下去，还需要有日久生情的资本。也就是说，情侣之间能够相互懂得，成为彼此的知己，在相互扶持下，变得越来越好。

懂她，成为她的知己，比剖开心扉的告白更加重要。

真正的恋爱是并联而不是串联

在恋爱关系中，根据男女双方的表现情况，可以大致分成两种状态：第一种，是只有其中一个人为维持两人的关系而进行付出，另一方只要享受对方的付出就好，就像电路中的串联；第二种，是恋爱中双方一起为对方付出，就像电路中的并联一样，相互提携和扶持，共同维护两个人的恋爱之果。

在实际的恋爱关系中，有人选择了串联，有人选择了并联。同事李青的恋爱状态，是标准的串联模式。

每次一到节日的时候，就能看到李青在办公室里坐立难安，四处向同事们打听吃饭的好地方，或者是不时滑动手机屏幕，从各大网站上搜索相关的内容，然后再给女朋友发微信询问意见。

看到李青如此不厌其烦地选择约会地点，我不禁开口问道：“你和女朋友约会的时候，一直是这么郑重的吗？”

李青反问道：“这就算郑重了吗？”

我回道：“对呀，为了一个吃饭地点就左挑右选，这认真程度和我们订婚礼酒店有的一比。”

李青冲我嘿嘿一笑，说：“还行吧，不算麻烦的。”

“你女朋友现在是不是和你一样，也在看着手机挑地点？”

“我女朋友？”李青茫然地抬起头，然后回答我说：“这种事一直都是我在做呀。”

女孩子是要好好宠爱的，这一点我深以为然，同时为李青的深情和体贴感到欣慰。李青的女朋友有这样一个优秀的男朋友，也一定会十分开心的吧。她肯定会做出更贴心的事来回报李青的。

于是我继续问道：“你女朋友一定感动死了。那她会为你做些特别的事情吗？比如给你送一件礼物，给你一个小惊喜什么的。”

我说完这话后，李青的表情更加茫然了，他问我：“可是这些也都是我一直在做啊。”

“你们去看电影的时候，谁挑场次座位，谁买门票？”

“我。”

“你没有收到过女朋友的礼物？”

“没有。”

“那你吃过女朋友的爱心便当吗？”

“也没有。”

也就是说，选择吃饭的地方，出去旅行的所有行程安排，所有的琐事和细节都由李青一个人完成，而他女朋友只需要在旁边提出自己的意见，表达自己是否满意就可以了。

如果这些是两个人商量好的结果，倒也没有什么问题。

可是，我记得前几天一起喝酒的时候，李青刚刚向我抱怨过。

李青觉得这场恋爱谈得好累好辛苦，至于辛苦在什么地方，他自己也说不上来，只是觉得非常被动。看来，我在今天找到了原因。

其实，不仅是两个人出去玩的行程安排由李青一个人来负责。在两个人的恋爱中，似乎李青永远是积极的一个。李青会嘱咐女朋友：“最近降温，出门多穿件衣服。”或者是询问“累不累”“钱够不够花”这样琐碎的问题。总之，就是各种无微不至的关心。但是，李青的女朋友似乎只有回应，从来没有主动关心过李青。

两个人恋爱也有一段时间了，算是到了谈婚论嫁的时候，每次谈论起这个话题的时候，李青会谈起结婚的细节、双方父母见面等，甚至开始考虑未来孩子的名字了。

而他的女朋友呢，则从来不主动谈这些内容，每次听李青谈起时，也是心不在焉、满脸无所谓的样子。

李青说，他想和女朋友好好谈谈。如果女朋友仍然一意孤行，继续对他们的恋爱关系保持这个态度，那么他就和女朋友提出分手。因为他太累了，需要找一个真正体谅他辛苦、肯主动为他分担重担的人。

这场恋爱，本来应该是两个人的事情，却生生变成了一个人的事情。这才是李青觉得辛苦的真正原因。李青女朋友是这样的反应，是因为她太傻太天真，把原本应该并联的恋爱关系发展成了串联。

恋爱是两个人的事，单单一个人的付出是远远不够的。

如果两个人的恋爱关系是串联的，那么一旦出现任何小故障，即使其中一个人再努力，恋爱之灯也会熄灭，两个人必将走向分手的结局；而并联的恋爱关系呢，虽然一方会出现小小的问题，但只要处理得当，便不会产生大的影响。

所以，只有脑子不够清醒，或者是想让恋爱关系早点结束的人，才会选择串联的恋爱模式。真正聪明的人，会选择并联的恋爱关系。在并联的恋爱关系中，可以感受到恋爱主体双方的互动。男孩子为女孩子精心挑选了一束玫瑰花，买了她一直心仪、却有点舍不得的包包，女孩子也会为男孩子做好一顿可口的晚餐，帮男孩子搭配好每天上班要穿的衣服。只有两个人在互动的条件下，才能迸发爱情的火花，才能一直保持恋爱的最好状态。

遇见，只是开始，彼此间的用心守护，才能让两人相伴一生。

Part 8

善待一生中最重要的“伙伴”

平凡的婚姻生活，它只是在某种程度上淡化了感情，而不是埋葬和扼杀了感情。婚姻会让彼此相爱的两个人，逐渐展示自我真实的一面，加深彼此的了解，而不是守着一份空洞的承诺。

学会沟通，就会齐心协力

当一对走进婚姻殿堂的爱侣，享受了初期的甜蜜生活之后，柴米油盐等生活中琐碎的事情便会接踵而来。当夫妻双方都被这些鸡毛蒜皮的小事折磨得不胜厌烦时，争执和吵架便成了两人沟通的唯一方式。

在争吵中，夫妻双方间出现频率最高的一句话是："你变了。"丈夫变得不再体贴、大度和有风度，而妻子变得暴躁、蛮横和疑神疑鬼。当初恋爱时那个温柔、和顺、大方的他（她）到底去哪儿了呢？是婚姻将人改变了吗？

恋爱中的男女一旦缔结了婚姻关系，就如同共同驾驶一艘船在海上航行，当天气好的时候，风和日丽，这艘船行驶得稳稳当当，船员们可以吹着海风、吃着烧烤，顺便愉快地聊聊天。而当狂风暴雨来临，这艘船被吹离了方向，船员们就不得不同舟共济，想尽办法保住大船，并且顺利地渡过暴雨期。婚姻，需要的正是这种面临各种麻烦和困难时夫妻二人共同应对和解决的勇气与能力。

我见证了刘辉和妻子从相识、相恋到结婚的过程。刘辉很爱他的妻子，从他看妻子的眼神就可以看得出来。我真心祝福他们能够永远这样走下去。

然而，没过多长时间，刘辉便开始不断找我抱怨自己不幸的婚姻生活："为什么女人就爱揪着好几年前的芝麻小事和你斤斤计较呢？"每次开始向我诉苦，刘辉总是以这个问题作为开头。

"刚谈恋爱那会儿，我妻子多好啊。虽然那会儿只是女朋友，但是她天天对我嘘寒问暖，一天恨不得打800个电话，就怕我没吃饱没穿暖，怕我出门忘记带钥匙。这完全是把我当小孩子宠啊。"

"那你很享受被关心的感觉呀。"

"可是自从结婚以后，她现在一天800个电话是用来打探我的行踪，让我一下班就赶紧回家，一秒钟都不能多耽搁。

买菜、做饭、洗衣服、带孩子这些杂七杂八的家务活我不都是分担了吗？为什么还要对我呼来喝去，简直是一点清净都没有。”

“这是在关心你呀，怕你在路上出事。”

“我这么大人了，回家路上能出什么事？被人抢劫还是被人绑架？我妻子分明就是想把我看得死死的，不让我有什么小动作。我现在最幸福的时刻，就是上楼前独自坐在车里安静几分钟，或者躲在洗手间里悄悄地看会儿手机。”

我反诘他：“结婚前的关心就叫关心，让你幸福得不得了；结婚后的关心怎么就不叫关心了？而且，话说回来，你想有什么小动作？”

“我能有什么小动作啊，分明就是她不信任我啊，我们都结婚了，怎么还要把我管得这么严呢？”

结婚后的刘辉，已经感受不到恋爱时的甜言蜜语式的关心，而是来自妻子直截了当的关心——就像父母管教小孩，虽然语气严厉些，但是仍然是以真心爱护为目的的。可是刘辉不仅不能体会到妻子的用心，反而开始埋怨妻子。

婚姻和恋爱有很大的区别，恋爱尚且可以算作是飘荡在空中的海市蜃楼，那么婚姻则必须是搭建在地面上实实在在的建筑，每一寸钢筋水泥都要保证完美无缺，没有偷工减料，这样，才能保证婚姻这栋建筑能够经历风雨，长久地屹立不倒。

“结婚以后，你妻子是不是每天变着花样儿给你做三餐？是不是给你洗衣服、打扫屋子，还要在你的狐朋狗友来你家看球赛时热情招待他们？”

“是呀，这些事情我妻子都做的。”

“那你有没有想过你的妻子在结婚前是如何生活的呢？她不需要变着花样儿给你做饭，只要做自己爱吃的饭菜即可，炖一锅汤能喝好长时间。晚上回家的时候不用做家务，可以有时间敷个面膜、做个SPA，或者和姐妹一起去商场购物。周末的时候更不用围着老公孩子打转，有大把自由的时间。你的妻子因为和你结婚，已经损失这么多了，你还有什么不满意的呢？”

很多人说，婚姻让人变质。诚然，婚姻本身比恋爱掺杂了太多现实的东西，让我们不得不从风花雪月中抽身，转而面对生活中的烦琐。可是，我们需要了解的是，从恋爱到婚姻，夫妻双方的定位和责任也随之悄然发生变化。所以，并不是婚姻让人变质，而是婚姻看起来让人变质。

当面对问题和纠纷时，吵架、冷战，甚至大打出手都是常见的方式，可是这些方式并不能从根本上彻底解决问题。

面对这种情况，我们不妨冷静下来，考虑一下到底是什么导致了夫妻双方在结婚后的相看两相厌。

如果刘辉和他的妻子能够互换身份，站在彼此的角度和立场上思考问题，那么问题的解决就会变得容易得多。刘辉会理解妻子的付出、辛苦和偶尔的歇斯底里，会主动帮助妻子承担家里的工作和琐事。刘辉的妻子就会理解职场上的不易和支撑起家庭的重担和责任，会在丈夫疲惫地瘫在沙发上时多一些关怀的问候，而非催促丈夫快去洗碗。只有这样，婚姻才能长久地经营下去，也根本不会有“他（她）变了”的念头。

好的婚姻不会让人变质，“变质”的问题在于双方不会转变婚后角色。

别让未来输在情绪上

为什么很多从相识、相知、相爱走向婚姻殿堂的两个人，最终收获的不是幸福，而是抱怨和痛苦？

在不幸的婚姻中，夫妻双方往往都感觉自己很委屈，男方描述着女方的胖丑懒，女方埋怨着男方的土矬穷。

的确，正如那句老话所说，不幸的婚姻中各有各的理由，幸福的婚姻却只有一个共同点——男女双方更愿意用智慧去经营婚姻，而不是用情绪去对付婚姻。

而且，我们也会惊讶地发现，在不幸的婚姻中，男人们确实受了不少委屈，女人们也的确有太多说不出的苦衷。甚至，在情绪型的婚姻中，久而久之，男女双方都会不自觉而习惯性地回忆或者制造一些负面事件，尤其是那些感觉伤害到自己尊严的、降低了自己的家庭地位的、让自己心里不舒服的，要么一个不落地重新搬上舞台，要么以此为由继续制造着毫无新意和戏剧性的翻版旧事。

在这样的婚姻中，无所谓谁好谁坏，焦点是双方都想以自己受到的伤害最大而赢得对方，赢得更多人的同情与怜悯，赢得更多人的认可，最为关键的是赢得对方的委曲求全。

这是典型的感情用事，把脑子忘在脑后的不理智行为。他们会认为对方输给了自己，就是承认了自己受到了伤害，而且在他们的心底深处还会隐隐发出一种欢迎的声音。

这样的结局意味着什么？代表着胜利的一方是善良的，是享有道德优越感的，同时证明了对方就是错的、恶的、失败的。

于是，很多婚姻中的夫妻双方在这种自认为正确又明知痛苦的心态驱使下，也就无所谓家丑不家丑了，逢人就诉苦，逢人就呻吟，甚至在公共领域可以毫无忌讳地哭着骂着，在私人朋友圈里可以无止境地流着泪水。

我相信日常生活中我们不需要刻意去搜索，这样的事例也会主动找上门。说实话，我的发小王场就已经让我不厌其烦，着实是一位喋喋不休的控诉者。

身为男人的王场本不应该像女人一样婆婆妈妈，但这必须将婚姻这一因素除外。王场结婚已经三年有余，是我们几个玩得不错的朋友中结婚最早的。起初，大家都以祝福的心态很是看好他的这段婚姻。事实却是，在他结婚不到三个月的时间里，两个人就开始了不断的争吵。

自此，我也就成为王场名副其实的倾诉苦楚的垃圾桶。有一次，王场大半夜又来敲我的门，进门后就从冰箱拿出一罐啤酒一饮而下。虽然我还有点睡意未醒，但已经猜到王场肯定是又和他老婆吵架了。

尽管在我看来，他们吵架已经成为家常便饭，而且我也已经都不知道应该如何安慰了，但还是硬着头皮陪着王场坐下来听他开始絮叨。

原来，这次是因为一部电视剧的剧情争吵。王场下班回到家后，妻子已经做好了丰盛的晚餐。王场看到全是自己喜欢吃的菜，心中自然喜悦。一切就绪后，王场打开电视机和妻子坐下来开始吃饭，电视也随之定格在了一部情感戏上，只见电视荧幕上一对男女正在讨论男人是否应该做家务的问题。

于是，王场的妻子也顺势说了一句：“我也觉得男人就应该做做家务。”

王玚一听，有点不乐意了：“男人在外面拼死拼活地挣钱养家，回到家还要做家务，不是要累死吗？”

正所谓说者无心，听者有意。王玚的妻子感觉这是在说她不能挣钱，不能养家，就只能在家做家务了，气就不打一处来：“你们男人确实在外面挣钱了，但谁让你们是男人，这是你们的责任所在。回到家做做家务又怎么了，难道就不应该吗？做一点家务就累死了吗？难道说做家务只能是女人干的吗？而且，我今天还就不认这个理了，从明天开始，你必须做家务。咱们结婚三年了，你在家做过一顿饭吗？洗过一次碗吗？每次让你做顿饭，你都要么推三阻四，要么就张罗着出去吃。还有，家里的地你扫过一次吗？都是我的工作，你以为我不出去挣钱就不累吗？明天咱们就换一下试试。”

王玚一听明天就要让自己做家务，心里难免委屈：“女人不就应该做做家务，收拾收拾家吗？我不做，这是女人的工作，我一大老爷们怎么能干这个？”

“你干不干？”王玚妻子放下碗筷，指着王玚的鼻子吼道：“今天我必须和你论一论，谁规定的女人就必须干家务，男人就不能干家务？在咱们家，男人也必须干家务，你要不干，就别回这个家了。”

王玚倒是爽快："不回就不回。"

王玚妻子也不肯低头："那好，今天，现在你就给我出去。"

王玚摔门而去，一个人在街上转悠了两三个小时，本以为妻子也该消气了，就回去敲门，谁知妻子一定要让他承认男人就该做家务，而且他必须从明天开始就做家务，才给他开门。就这样，两人隔着门又僵持了两个小时，还是没有分出胜负。无奈之下，王玚又跑到我家来了。

夫妻之间的争吵，先不说是因为多大点儿事，单说一定要分出个输赢，难道就能真的扫除障碍、解决矛盾吗？

非理性地沟通，一味情绪化地交流，即使对方承认输了，证明你赢了，这种情况也不是双方做出的积极的改善，而是消极的敷衍，委屈会越积越多，隔阂会越来越大。

相反，如果夫妻双方的焦点不是盯在输赢上，而是更关注彼此的感受，那么结果就是一个幸福的婚姻。

如果王玚的妻子说："男人就应该做做家务。"

而王玚说："的确，你做家务其实也挺累的，我有时间的情况下一定多帮帮你。"

很简单，只要不是带着情绪去沟通，那么沟通就不会演变成争吵。

你的人生不可将就

看着身边许多朋友都结婚了，甚至开始在朋友圈里晒宝宝的照片，于是，随着年龄的不断增加，不少人突然开始着急起来，怕变成“剩男”“剩女”。

到了适婚年龄，为自己挑选合意的结婚对象，这本没什么问题，可是，有些人却过于心急，基于种种原因而仓促结婚，忽略了结婚的初衷。

我的同事江蕙就是这样的一位大龄单身人士。她曾自嘲地对我说：“原先的单身不叫单身，叫单身贵族，现在倒好，连贵族都不是了，直接退化成单身狗了。我们单身的人怎么了？为什么这么不招人待见？”

我不禁接茬：“现在连狗都能找到伴儿了，你可别再自称单身狗了。”

听完我说的话，姑娘哀号一声，趴在了桌子上。

其实，从我的角度来看，江蕙的条件不差。她毕业于某985大学，硕士研究生，毕业后就进入我们这家发展不错的公司，成为核心技术部门的一员，做事认真踏实，性格乐观活泼，刚进公司不久就和同事们打成一片。并且，江蕙貌美肤白，家庭是普通的小康家庭。

如此看来，江蕙的条件真是没有什么可挑剔的，只不过因为喜欢常年待在家里，没有结交新朋友的机会，所以一直没有男朋友。

虽然江蕙经常抱怨自己是单身狗，但是她也明白，缘分这个东西是急不来的，需要靠时间去寻觅合适的人。可是，周围的人却一直催她，像催命一样。江蕙的父母也是着急，恨不得把姑娘连夜嫁出去。

江蕙本来是非常坚定的，一定要等到合适的人才结婚，可是受不住亲戚们每天的耳提面命和父母的唠叨，而且他们在潜移默化中影响了江蕙。

看到江蕙仍然没有结婚的意思，母亲甚至打起了亲情牌。

她对江蕙说："我的身子眼看着越来越不好，不知道还能再看见几回升起的太阳。"

"妈，你的身体健康着呢，可别乱说话。"

"我乱说什么呀，都是事实。我现在特别害怕，害怕我可能会看不到你披上嫁衣的那一天……"

说着说着，母亲哽咽起来，无法再说下去。

母亲的话在江蕙的心里泛起了涟漪。后来，江蕙不再排斥相亲，而是听从亲戚的建议，去参加相亲宴。见了几个相亲对象，条件都很一般，甚至可以用"差"来形容。

从相亲宴回来后，江蕙思绪翻涌。如果说她现在草草结婚，完成人生大事，那么她一定是不甘愿的。可是，母亲的话却让她又充满了犯罪感，觉得自己非常不孝顺。

并且，亲戚们经常说江蕙眼光太高了，挑来挑去，白白蹉跎了时光，还不如赶紧找一个合适的嫁过去，不然到最后全是别人挑剩下的。

渐渐地，江蕙逐渐放低了对另一半的要求，一开始是不在乎工作、存款，后来就干脆连年龄、身高、长相等都不在乎了。

最终，江蕙遂了父母的心意，和一个样样都比不上自己的男人结婚了。

结婚后的江蕙，发现生活并没有想象中的美好，甚至连一般都算不上。因为学历和眼界的差距，无论江蕙说什么，老公都似懂非懂，接不上话。久而久之，江蕙提不起任何聊天的兴趣了。

在同一件事的看法上，江蕙和老公也不尽相同。江蕙曾抱怨过公司里有人浪费笔芯和纸张，老公却说："公司的东西，又不是你个人的，你有什么好生气的呢？"

江蕙则认为，不管是不是个人的东西，这都是浪费社会资源的做法，会给社会造成巨大压力。但是，为了避免因一件无所谓的小事引发家庭纷争，江蕙还是悄悄咽下了心中的想法。

我个人其实极其不喜欢"剩男""剩女"的称呼，我曾在不同的场合说明，这是一种变相的社会歧视。用这种称呼来给社会上的大龄未婚男女们施加压力，使他们一再放低身段和要求，在旁人的催促下，自己头脑发热，十分草率地结了婚，成为社会中的"正常的"已婚人士。但是，他们在婚后才知道，夫妻之间的和睦相处绝非易事。如果由于结合时的冲动草率，而导致夫妻关系破裂，最终走向离婚的道路，这才真的是得不偿失的做法。

他们之所以选择草草结婚，是因为各种各样奇怪的理由。比如父母亲戚轮番催婚，或者是为了逃避令人厌烦的家庭，为了寻求安全感，自己再不结婚就老了，朋友都结婚了……

因为这些原因而结婚，是多么荒谬、可怕的事情。选择终身伴侣当然不能单纯地以爱为基础，却也不能完全没有爱。如果没有以爱为基础，那么就会很难和别人形成一个终身的伴侣关系。如此一来，会给双方的家庭、孩子带来不可估量的伤害。理智的做法，是不受各种外界因素的影响，真正寻找到心仪和喜欢的结婚对象。只有这样，我们才会拥有一个稳固、甜蜜、幸福的家庭。

主动承担起你的责任

常有人说：“婚姻是爱情的坟墓。”钱钟书先生在著作《围城》中把婚姻比作围城：“城外的人想进去，城里的人想出来。”就连反驳这一理论的人也没有否认“婚姻坟墓论”，因为他们会说：“如果没有婚姻，我们将死无葬身之地。”

周岩在距离婚礼还有三天的时候拉我出来喝酒。

我调侃道：“还有三天就结婚了，你不忙着去准备婚礼，怎么还有空想起我这个朋友来？”

周岩双手抓了抓头发，表情十分痛苦，对我说：“我突然有点不想结婚了，怎么办？”

“什么意思？”我疑惑不解。

但是看周岩的表情，并不是在开玩笑的样子，不由得严肃起来，对他说：“为了准备你们的婚礼，大家耗费了多少时间和精力，婚纱照、礼服、婚庆策划等哪一样不是朋友们帮着一起出谋划策的？况且，你已经通知了你们两边各自的父母、亲戚，你现在临阵脱逃，让双方父母以后怎么做人？你怎么能对得起大家为你付出的辛苦？”

“你不用告诉我这些大道理，道理我都懂，可……”

“……可就是过不好这一生？”我试着用网络上的段子来接他的梗。

“可就是突然不想结婚了！”

周岩突然认真起来，我也不好再逗他，于是也很认真地问道：“为什么突然不想结婚了？”

“结婚以后，咱们几个好哥们就不能随随便便出来吃饭聊天了，因为我得时刻惦记着家里还有一个人；想花钱的时候也不能随便花，还要征得另一个人的同意……其实我也不知道为什么，哎呀，我要是知道原因就好了。”

我很理解周岩此刻焦虑的心情。在恋爱中，两人的关系是最纯粹的，只要合得来、有话聊，两个人互相喜欢，就能保持一段良好且持久的恋爱关系。而且，恋爱时的两个人，恨不得每分每秒都在一起，一天见不到就如隔三秋，一旦见到心上人就欢呼雀跃，恨不得立刻扑过去。

可是，一旦涉及结婚的问题，事情就变得极其复杂。婚姻去除了恋爱时两人的神秘感，两个人天天待在一起，缩短了距离，丧失了新鲜感。并且，结了婚的男女双方要学会尽快转变角色，从“男女朋友”变成“夫妻”和“父母”，要面对除了浪漫和风花雪月外的其他一切生活琐事。除此之外，婚姻不仅仅是两个人的事情，而是两个家庭的事情，身为家庭的核心成员，要分出精力在两个家庭间周旋，让家人间和睦相处。最重要的是，还要承担这个家庭的责任。

这就是年轻人恐惧婚姻的原因，尤其是临近婚礼的阶段，这种恐惧的感觉会被无限放大，所以，有的人选择了远离婚姻，有的人为了家庭和父母，也是硬着头皮结婚。可是，如周岩这样马上结婚还未结婚的青年如此恐惧婚姻，就像是一个从未坐过汽车的人大肆谈论汽车的优点和缺点，实在是让人觉得有些可笑。

这些恐婚的年轻人，大肆谈论着“婚姻是爱情的坟墓”，千方百计地逃避婚姻、远离婚姻。可是，如果他们能够理智地思考一下，就不会再抱有如此可笑的想法了。

如果婚姻真的是爱情的坟墓，为什么还会有那么多人宣誓结为夫妇，难道他们想前仆后继地跳进坟墓里吗？如果婚姻是坟墓，那么世上怎么会有如此多幸福的婚姻和家庭？因为他们明白，如果爱情只停留在风花雪月中，没有一起经历过实际的生活，那么爱将永远是一种虚无的幻想。

平凡的婚姻生活，去除了风花雪月的浪漫诗意，取而代之的是柴米油盐的质朴和平淡，它只是在某种程度上淡化了感情，而不是埋葬和扼杀了感情。婚姻会让彼此相爱的两个人，逐渐展示自我真实的一面，加深彼此的了解，而不是守着一份空洞的承诺。

花前月下虽然浪漫，但是只有婚姻才能让爱情结出甜美的果实。

婚姻本身不是坟墓，愚蠢地把婚姻当作坟墓的人，才是真正的自掘坟墓。如果尚未真正踏入婚姻的殿堂，就视婚姻如洪水猛兽、唯恐避之而不及，这样的人，一开始对婚姻的认识就是错误的。一个对婚姻有偏见的人，又怎么能经营好婚姻呢?

他们之所以认为婚姻是坟墓，就是因为他们把自己所有的优点留给了外人，而把所有缺点、不堪的一面留给了家庭。

如果不想让自己的人生过早地跳入坟墓，那么就请不要把婚姻看作坟墓。以平和、积极的心态对待婚姻，并且学会主动担负起婚姻中应负的责任，学会给彼此留一份美好的印象，学会把每一天当作恋爱时甜蜜的每一天，节日时创造一点小惊喜，给另一半随口的一句夸奖，都会让你的婚姻保持新鲜感，成为理想的天堂。

多一些“敬畏”，少一些苛求

婆媳关系，可以说是中国传统家庭中最为特殊和最难处理的一种关系。这种关系没有以任何的血缘为纽带，而是由一个中介——丈夫（儿子），来组建起来的，没有稳定性，也没有婚姻关系那样亲密无间。因此，婆媳之间很难相处。

在现实生活中，我们经常能看到婆媳关系不和的案例。

眼看就要过年了，公司里的同事都在欢欢喜喜地订回家的机票，跟老家的小伙伴微信交流假期聚餐的事宜。有的人跟父母打电话，叮嘱他们不要太劳累，年货之类的东西由他回家了之后再打点。

每到这个时候，办公室总会比平时躁动一些，主管们就算看到了，也是睁一只眼闭一只眼，毕竟是要过年了，所以容忍度也随之提高了不少。

就在大家都沉浸在即将过年的快乐氛围中时，只有向岚一个人撇着嘴角，苦兮兮地敲着键盘。

我问道："怎么看起来一点都不高兴的样子？如果是工作太多了，可以分给我一部分。"

向岚说："你觉得我是会被工作影响心情的人吗？我是为家里面的事情而烦恼。"

"怎么，朵朵又偷跑出家了？"

朵朵是向岚养的一只棕色泰迪狗，平时很是乖巧懂事，就是有一点不好，它太聪明了，以至于总是偷跑出家。所以，每隔一段时间，向岚就要大批印发《寻狗启事》，四处寻找她们家朵朵。

"不是，"向岚有气无力地答道，"是我婆婆要来我家过年。"

据我所知，向岚一直很不喜欢她的婆婆，不过幸运的是，一年中两人见面的次数极少，所以即使性格不合，也没有发生冲突的机会。这一次则有些不同，婆婆来向岚家里过年，肯定要住满一整个正月的，所以向岚才如此愁眉苦脸。

“中午的时候我还要去机场接她，你帮我盯着点经理，别让他发现我偷溜出去。对了，顺便帮我把这几份报表核对了吧，谢谢了。”说话的工夫，向岚已经收拾好东西，准备开溜了。

“我能收回刚才说要帮你的话吗？”我开玩笑。

“回头请你吃大餐。”说完，向岚就没有了踪影。

向岚的婆婆非常传统，对向岚的要求自然也和过去农村的传统一样，比如把家里的男人当成天、必须承担全部的家务活，婆婆说话不许顶嘴，让老公做饭洗衣服更是天大的不赦。

向岚是一个接受过高等教育的新知识女性，哪里还受得了三从四德那一套传统思想，于是，性格火爆的向岚当即和婆婆吵了起来。幸好，老公的情商比较高，这才没让她们发生更严重的家庭大战。

婆媳关系的本质，其实也是人际交往的问题，只要关系存在，矛盾一定不可避免。

向岚为老公搭配了一套浅色系的衣服，婆婆却觉得深色的衣服更好看，非要让老公换成深颜色的，两人为此争执了好久。后来，向岚怕耽误时间，才向婆婆妥协。婆婆年纪大了，懒得动，衣服三天才换一次，向岚嫌她不讲卫生，非要婆婆换衣服。

关于如何照顾孩子的问题，向岚也是感到心力交瘁。无论什么温度，婆婆都喜欢把孩子包得严严实实的，生怕孩子着凉。可实际情况却是孩子已经热得浑身出汗了。并且，向岚是严格按照医生和营养师的建议来给孩子喂食物，婆婆则说：“小孩子哪有那么娇气，你喂什么，他就吃什么。”

老公也跑出来和稀泥，一会儿夸向岚有文化，懂得科学喂养，一会儿又说婆婆经验足，总之，就是不好好直面问题的症结。

婚姻生活中，本来就会存在着各种各样的矛盾和麻烦，比如家务活和带孩子。洗衣服、做饭、喂养孩子，这些都是需要付出大量的时间和精力来完成的工作。生活本来就十分艰辛，如果婆媳关系不和睦，会给家庭中的每个人添堵。

有时候，如果只是观念不合的两个人，只要平时的时候注意多沟通，问题就能迎刃而解，但是因为两个人对生活充满了怨气，所以才会把负面情绪发泄在对方身上。况且，儿媳作为一个外人，加入一个新的家庭，融入新生活中，要经过很长一段时间的适应过程。有时只是鸡毛蒜皮的小事，但对儿媳来说，便会下意识地进行自我防卫和自我保护。对于婆婆来说，儿媳就像一个入侵者，并且蛮横地抢走了自己心爱的儿子，这会使她格外难受，陷入失落的情绪。

其实，在我看来，婆媳出现矛盾，是因为她们两个人没有认清两人的角色。对于婆婆而言，就算妈妈再疼惜儿子，甚至是儿子成人了也要干涉他的穿衣品位，这些都没有关系。可是，儿子一旦成家，很多权力便自然而然地移交到媳妇手中了。对于向岚而言，虽然是一家人，但是还是不要随便干涉婆婆的生活方式为好。

婆媳关系并非不可解的数学方程式，向岚这种躲着不见的方法，只是把矛盾放到了平时看不见的位置，并不是解决问题的聪明做法。

那么，是不是需要把婆婆供起来呢？是不是需要当作亲妈一样看待呢？

我记得曾经有一首歌叫《婆婆就是妈》，歌词是："感谢您老人家，报答您老人家，你为儿媳送来一个疼我、爱我的他，婆婆您就是妈，真的辛苦啦，儿媳我让您享享清福，安度好年华。"

然而，我认为不应该把婆媳硬生生地扯上"母女"关系。一旦这种关系假设成立，婆婆对儿媳的期望会更高，如果稍有不慎，矛盾会无限升级。

儿媳就应该是儿媳，婆婆就应该是婆婆，两者之间只要保持同事关系，哪怕是朋友关系，家庭矛盾就会随之减少。因为彼此之间会多一些平等的敬畏，而不是不平等的苛求。

学会理智分清婆媳的角色，儿媳做好自己的本职工作，婆婆在这个基础上适当分担，如果遇到了意见不同的情况，及时沟通，讲明白自己的难处和考虑的内容。我想，如果沟通得当，婆媳之间会体谅彼此的辛苦，也会越来越和睦。

坦然面对所有的“伤”

我去法院办事的时候，看到一个大概5岁的孩子站在办公楼门口的台阶上哭。孩子的脸憋得通红，豆大的泪珠顺着脸颊滚落下来，头上的两条马尾辫松松斜斜。我于心不忍，于是从口袋里掏出纸巾，蹲下来给孩子擦眼泪鼻涕。无论我怎么劝，她依旧哭个不停，我只得带她去超市。

当我们从超市回来的时候，一个女人正站在门口张望什么。小女孩松开我的手，跑了过去：“妈妈，我在这里。”

听法院的朋友说，这个女人是来法院办离婚的。刚才，丈夫在的时候，夫妻两个人在法院门口争吵起来，吵到激烈的时候，甚至要动起手来，他们的女儿婷婷被这样的阵势吓到了，所以哭了起来。

我问朋友："我看孩子对夫妻两个人离婚的事并不知情，他们和孩子商量了吗？"

"商量什么，一个5岁的孩子，什么都不懂的。"

其实，现在有太多草率结婚的夫妻了，他们没有慎重地考虑好，就来民政局登记结婚。对于夫妻而言，一定要慎重考虑两个人之间的感情，即便当婚姻走到尽头，不得不离婚的时候，也一定要学聪明一点，设身处地地为孩子着想，减少离婚对孩子的伤害。

有的夫妻选择不告诉孩子离婚的事，借口是孩子太小，什么也听不懂。其实，小孩子是非常敏感的，就算什么也不告诉他，他也能从父母的神情中猜出来。他不知道离婚的真正含义，但是知道离婚对自己意味着什么。

有的时候，大人越不说，孩子越惶恐。

朋友田甜是一名小学班主任，她曾给我讲起一个学生的故事。

这名学生平时很乖巧伶俐，学习成绩也不错，喜欢帮助老师管理班里的卫生情况，是一名合格的卫生委员。

可是，这个孩子突然有一天性情大变，作业不认真完成，同学和他说话也不搭理，只是静静地趴在桌子上。有的时候，他甚至会一个人小声啜泣。

作为班主任的田甜看到这种情况，生怕这个学生在什么地方受到委屈，于是把家长叫来学校，询问情况。

田甜从孩子妈妈那里了解到了事情的真相。原来，这个学生的父母正在办离婚手续。本着不想让孩子受到伤害的原则，夫妻二人原本做好协议，不对孩子提起二人离婚的事情。根据协议，孩子跟着妈妈生活，于是，妈妈对孩子说："爸爸出差去了，要很久很久才能回来。"但是，由于孩子实在是想念爸爸，所以，这个"出差"的谎言只存续了仅仅一周的时间。无奈之下，妈妈对孩子说："其实，我和你爸爸离婚了。"

在学校办公室里，孩子对田甜说："其实我早就知道爸爸妈妈关系不好了，也知道他们要离婚了，电视剧里经常这样演的。可是，他们为什么不告诉我呢？他们越不告诉我，我越会胡思乱想。"

他又对妈妈说道："我在好久之前就看到你和爸爸经常吵架、冷战。每天晚上回家的时候，其中一个人在家，另一个人肯定找借口出去。你们想要离婚，可以跟我说啊，为什么要瞒着我呢？我不害怕你们离婚，我只是怕你们两个人都不要我了。"

妈妈懊悔地说道："是我没有考虑周全，吓到你了。"

“爸爸妈妈对我的爱，不会因为他们的离婚而减少，我只是希望，他们能够把我当成家庭中的一员，把这件事情好好地告诉我。”孩子也有自己的内心想法。

父母没有把离婚的事情及时告诉孩子，是一件非常不理智的行为。离婚会对孩子造成伤害，是大众普遍存在的一个观点。其实，这个观点是错误的，离婚过程和离婚结果并不会对孩子生成伤害，真正伤害孩子的是夫妻们在离婚过程中的表现以及对孩子的刻意隐瞒，这让孩子感受不到被重视的感觉，同时也会因为不知道详情，而东想西想，导致越想越离谱，越想越害怕。

离婚这件事，越是对孩子藏着掖着，孩子越是能从父母躲闪的眼神和言语中看出端倪，反而会适得其反。

与其让孩子心惊胆战地乱想，倒不如实实在在地告诉孩子发生了什么事情。如果想让孩子在父母离婚中避免遭受伤害，最理智的做法，就是保证孩子的知情权，让孩子知道真相，知道父母已经离婚的事实。

无论怎样，夫妻之间的矛盾与孩子无关，孩子是无辜的。

除了要保证孩子的离婚知情权外，父母还要知道，无论孩子的监护权属于哪一方，另一方都有责任和义务多陪伴孩子，保证孩子有一个完整和快乐的童年。

婚姻虽然不可以强求，但孩子的童年绝不能受到伤害。

你的付出，终有收获

我有一位年长我几岁的朋友，平常的时候我喜欢喊他宇哥。宇哥的人生智慧让我折服，他总是在我迷茫的时候用三言两语将我点醒，让我重回正确的人生道路，可以说是一位如父如兄的朋友。

最近，宇哥刚刚和妻子拍完银婚的婚纱照。不仅如此，他还赶了个时髦，向我们狂撒狗粮，准备带妻子去巴厘岛度蜜月，重新捡起恋爱时的激情。

按理说，结婚这么长时间，两人已经没有了恋爱初期的神秘感，渐渐失去了激情，为什么宇哥依旧如刚结婚时那样，和妻子如胶似漆？

我不禁向他打听起来："能分享一下维持好婚姻的秘诀吗？"

宇哥神秘一笑，答道："保证自己像猪一样，才能维持好婚姻。"

像猪一样？宇哥说完，我的脑海中立刻浮现出农业频道的画面，并且自动脑补出相关的画外音。

我问的是婚姻问题，为什么宇哥提到了猪呢？

看到我不解的神情，宇哥问道："怎么？难道你以为猪身上没有优点吗？"

为了解释清楚他的论点，宇哥继续说道："猪身上有很多优点的，比如它善良、温顺、忠诚、执着……如果一个男人身上具备了这些优点，那么他一定能够维持好他的家庭和婚姻。"

并且，宇哥还向我举了几个他亲身经历的例子。

新婚伊始，宇哥并不能很快转变作为丈夫的角色，每天上班的时候，习惯性地和同事约好酒局，准备下班去狂欢一下，发泄工作时的压力。当宇哥准备动身的时候，妻子的电话便会如期而至："晚饭想吃些什么呢？下班回来的时候顺便买瓶酱油吧。"

于是，宇哥这才想起来，自己已经不是单身一人了，家里还有个人在期盼。末了，宇哥向同事们抱歉地笑笑，说：“一下子忘了自己不是孤家寡人了，所以我今天就不和你们一起去了。”同事们连连起哄，说宇哥是“妻管严”，大家如此盛情邀请，不能驳了大家的面子。

宇哥不以为意，说：“下次我请客，这次我真去不了了。”同事们这才作罢，结伴出去了。

回家的路上，宇哥顺便去街角的花店里，买了一束妻子最喜欢的鸢尾花。回到家后，妻子收了花，开开心心地端上了自己精心做好的晚餐。慢慢地，除了加班以外，宇哥每天下班后准点回家，绝不让妻子一个人在家里等着他。

宇哥说：“看，这就是像猪一样：热爱家庭，回归家庭，吃饭睡觉等生活日常事一定要回家。”

宇哥的妻子是个小女孩一样的性格，有些刁蛮、娇气，甚至有点无理取闹，可是这在宇哥看来，这些都是妻子可爱的一面，从来不觉得厌烦。

想当初，她长得漂亮，周围有很多男孩子追求她，而宇哥是其中最不起眼的一个。

当时她的心思并不在儿女私情上，男孩子们频繁地送小礼物，频繁地约她出去看电影、逛公园，对于这些，她不知如何回应也默不作声。时间久了，得不到回应的男孩子们心灰意冷，逐渐散去，转而去追求其他目标。

只有宇哥一个人从一而终，认准了她，所以无论再怎么得不到回应，依旧坚持不懈地追求妻子。后来，她被宇哥的真心所打动，在一次长谈后，她终于接受了宇哥。

宇哥说："对待爱情，就要像猪一样忠诚、从一而终，《春光灿烂猪八戒》中猪八戒对嫦娥的痴情，不是连小龙女都被打动、为之落泪了吗？"

婚后的宇哥，并不像其他已婚男人那样，变得不再浪漫，相反，宇哥把妻子仍然当作小女孩一样宠爱。舍不得让妻子做重活儿，家里面搬搬运运的工作全部由宇哥一人承包了，主动分担家务活儿，不想让妻子太过操劳。妻子患上产后抑郁症的时候，宇哥就耐心地陪着她，开导她，想尽一切办法搜索笑话逗她开心。

这份爱和耐心，从恋爱到结婚，宇哥从来没有变过。就像宇哥说的那样，男人对待婚姻，就应该初心不变、从一而终。

除此之外，宇哥又向我补充了几点，男人应该像猪一样善良、温驯，能够包容妻子所有的小毛病和她偶尔的歇斯底里；男人应该像猪格外忠诚地对待主人一样忠诚于自己的妻子，学会杜绝外面的花花世界，适应和享受两人之间的平淡和质朴。

宇哥和他的妻子从巴厘岛回来后，带着妻子参加了我们的聚餐。在聚会上，我见到了宇哥的妻子，似乎时间并没有在这位优雅、知性的女子身上夺去什么。她看上去和年轻的时候没什么分别，依旧是那么娇俏美丽。

由此看来，他们的夫妻生活，甜蜜得让旁人生羡。

婚姻，是一件让很多人穷尽一生也悟不透的事情。现实生活中，很多刚刚步入婚姻殿堂的人，对于婚姻依旧一无所知，不知道自己该如何做，如何扮演好一个丈夫的角色，如何维持一段好的婚姻，所以才导致了现在离婚率的上升。

想要拥有一段好的婚姻，并非大多数人想象的那样，只要浇注满腔激情就可以了，它是需要人生哲学来经营的，而这个哲学便是——男人身上拥有猪的优点，就会拥有好的婚姻。